「大喜利《おおぎり》」って、すないですか？

大喜利とは、出された「お題」に対して、
機転の利《き》いた「回答」を出すものです。

〈お題〉

「クリスマスを一人で過ごす、せつない言い訳」選手権

最優秀賞

うちの地元、
まだキリスト教が伝来してないんだ

〈お題〉

「なぜ静岡に新幹線の『のぞみ』が止まらないのか」選手権

最優秀賞

スルーが（駿河《するが》）基本だから

こういった「おもしろい発想」は、

じつは「あなたの脳内」にも眠っています。

「それ、私が言ったことにしていい？」

と思うような素晴らしい発想が、世の中にはたくさんありますよね。

あなた自身がそれを考えられる方法を、本書で教えましょう。

その方法は、「ビジネス」や「雑談」に限らず、

「コミュニケーション全般」に使えるはずです。

なぜなら人は笑いが大好きだからです。

人が人を笑わせるとき、心の底から幸せを感じ取るはずです。

笑いのスキルは、さまざまな場面で人を救ってくれる万能なものなのです。

必須教養と呼べるかもしれません。

それでは最初に、あなたが大喜利について学ぶべき理由をお伝えしていきましょう。

一日一題、世の中を〝ナナメ〟に見てみませんか？

みなさんは、「大喜利」にどんなイメージがありますか？

「笑点」や**「IPPONグランプリ」**など、落語家やお笑い芸人のみなさんが笑いのセンスを競うもの。

そういう印象ではないでしょうか。

かくいう私も、芸人さんに対するリスペクトがあり、彼らの大喜利の回答は大好きです。四六時中、笑いのことを考え、すべてをネタにし、生き方そのものが芸に通じる。

バカリズムさんも、麒麟《きりん》の川島明さんも、そして霜降り明星の粗品さんも。

そりゃあ、面白いはずです。

その一方で、大喜利の世界が、一般の人にも広がってきていることをご存じでしょうか。

いまや、誰でも参加できる舞台がたくさんあるのです。

そして、あなた自身にも、気軽に参加してほしい。

世界中、全員に「大喜利脳《のう》」になってもらいたい。

それが、本書で伝えたいメッセージです。

世の中、どうでしょう。

仕事での打ち合わせも、

知り合いからのLINEも、

ワイドショーで見かけるコメントも、

ありふれたコミュニケーションばかりです。

飽き飽きした日常の中に、

「なんだ、その視点は！」

という刺激を与えてくれるもの。

それが、大喜利的な発想なのです。


たとえ芸人さんのように、つねに面白いネタを探さなくても、

「一日一題、芸人っぽく物事を考えてみる」

ということぐらいはやってみてもいいと思うのです。

平均点は低くてもいいし、すべての回答が秀逸である必要はありません。

「頭の体操」の延長線だと思えばいい。

気軽に取り組んでいれば、そのうち誰でも「**おっ！**」と言わせる回答が出てくる。

大喜利はそんな場です。

たとえば、

お題

「『お前の母ちゃんでべそ』に代わる現代版は？」選手権

という「お題」に対して、

回答

お前の両親、Z世代〜

お前の父ちゃん、撮り鉄〜

というように「回答」を考える。

日常会話やスマホで、相手からの質問やメッセージへの返しを考えているとき。

頭の中で言葉を選んでいるとき。

それはもう大喜利と同じ状況なのです。

大喜利は、
誰でも「たった一言」で
ヒーローになれる世界。

うまく話せるスキルがなくても、性格が明るくなくても、顔出ししなくても、
「たった一行」や「たった一言」で脚光を浴びる。

大喜利は、そんな世界です。

面白いものは強い。

共感されるものは優しい。

ネット上を見渡すと、言葉が一人歩きして、有名になった例が山ほどあります。

「あなたは童貞《どうてい》ですか？」という質問に対して、

「バキバキ童貞です」

と答えた人。

「年金への心配はありますか？」という質問に対して、

「年金あてにしちゃダメじゃない？
自己防衛、投資、あと海外移住。日本脱出だよね」

と答えた人。

そうやって、**心の声を吐き出すのも、大喜利的な発想**です。

たとえば、ふだん静かな人の心の中は見えませんよね。

「あの人、話しかけにくいな……」と思うはずです。

しかし、そんな静かな人も、

「じつは話しかけられるのは嬉しいし、それを待っている」

ということをぶっちゃけられると、好感が持てますよね。それを知ると、静かにしている人に話しかける勇気も出ます。

また、女性が男性に内心思っていることとして、

「通りすがりにチラ見してくるのは気づく」

というのも、心の声です。

それを教えてくれると、**今度から気をつけることができます。**

大喜利は、そういう本音を嫌みなく出せる場でもあるのです。

ちなみに、私の参考になったのは、これです。

「女性が『体調悪い』と言ったら、男も『オレも体調悪い』と同調してくるのが腹が立つ」

身に覚えがある男性は気をつけましょう。**おそらくモテませんから。**

大喜利は、「企画力」そのものだ。

世の中を見渡すと、大喜利脳でさまざまな新商品を生み出せることにも気づきます。

お題

「本当にトイレにほしい新機能」選手権

回答

配達員からのピンポンが鳴ったときに、「もう少しで出るので待ってください！」と伝える機能

このお題は、

「肛門認証で水が流れる」「世界中で『大』の大きさで対戦できる」

など、秀逸な回答が集まりやすいです。

こう見ると、商品開発や企画開発は、大喜利をやっているようなものなんですよね。

ウォシュレットがない時代だったら、

「シャワーが付いていておしりを洗ってくれる」

という回答が生まれてもおかしくありません。
最初は面白いと思い、それを受けて、そこから本気で開発していく。
人間の想像力は、これほどまでに凄まじい力を持っているのです。

さあ、そんな大喜利の世界をもっとみなさんに知ってもらいたい。
そのための「最低限の考え方」を、お笑いでは素人である私、「坊主」が、一生懸命に考えてまとめたのが本書です。

ぜひ、「大喜利脳」を手に入れ、
あなたの生活に大喜利を取り入れてみてください。

注意書き

この本では、X（旧ツイッター）に寄せられた多くの回答を「引用」させていただきました。著作権法を順守し、巻末に引用元を掲載しています。

引用したオリジナリティの高い回答は、著作者から掲載の許諾をとっております。

それらの回答には、次のような称号を与えています。

・最優秀賞：ベストオブベストな回答
・金賞：ベストな回答
・入選：ベターな回答
・落選：賛否ありの回答
・高齢の住職賞：深みのある回答

また、本書は大喜利のお題や回答をもとに「分析」や「批評」に重きを置いています。「おもしろ回答集」のようなものではないことを前もってご了承ください。

特に引用元がないものは、私が創作した回答です。

たくさんの回答に接していると、ある程度のパターンが見えてきます。そのパターンをもとに、私なりに「こうやって考えればいいのでは?」という提案をしています。こちらもあらかじめご了承ください。

仏教の教えに則《のっと》って、多くの人の回答を供養いたします。
みなさんのモヤモヤを笑いに成仏させましょう。
また、日の当たらない発想に、光を当てたいと思っています。

人生は諸行無常です。

すべてのものは移り変わり、また生まれる運命を繰り返し、はかなく虚しいものであることを受け入れていきましょう。

なお、印税の一部は、公益社団法人日本キリスト教海外医療協力会に寄付させていただきます。

あなただけの「おもしろい発想」を生み出す方法

大喜利の考え方

坊主

The OGIRI Thinking

How to Create Your Own “Good Ideas”

ダイヤモンド社

——笑いとは、地球上で一番苦しんでいる動物が発明したものである。

フリードリヒ・ニーチェ（ドイツの思想家）

はじめに

はじめまして。
坊主と申します。
ネット上で大喜利のお題を出しています。
2024年1月現在で、公式Xはフォロワー190万になっています。

この顔を一度くらいは見たことがあるかもしれません。
かれこれ、8年間以上、これまで

2万件以上の「お題」を出してきて、
200万件以上の「回答」を見てきました（現在も進行中）。

大喜利と回答の流れ

最初に、私の一日のルーティンをご紹介しましょう。

①「お題」を大体20〜30分で考える

思いついたときにメモしているので、そのストックを使うことも多いです。お題のリクエストも随時、募集しています。

私なんかより「いいお題」を思いつく人は、たくさんいます。みなさん、どんどんお題を教えてください。他力本願で、私はお坊さんの仕事に精を出すことができます。

②夕方から夜にかけて「お題」を7個ほど出す

例）『円安』を小学生でもわかるように説明した人が優勝」選手権など

③みなさんに「回答」を考えていただく

お題について、フォロワーのみなさんに、仕事終わりや夕食後、寝る前に、じっくりと回答を考えていただき、返信してもらっています。

ちなみに、大喜利のお題は、「◯◯はなんでしょう?」と、直接問いかける形式が多いと思います。

そんな中で、私は「選手権」という表現を使っています。気軽にエントリーできる感じがするからです。

そういった、お題の出し方のポイントは、3章で説明しましょう。

④翌朝、集まった「回答」を集計する

2〜3時間ほどかけて回答を精査し、「最優秀賞」「金賞」「入選」「落選」「高齢の住職賞」などの賞を与えています。基本的には、「いいね」の多い順ですが、私の判断で各賞それぞれに意図があります。

⑤最後に、私から「結果発表」をし、みなさんに優秀な回答をお知らせ

7つのお題のうち、1つはバズるほどの「いい回答」があって、3~5つは「まあまあの回答」、1~3つはあまりいい回答がないという傾向です。

以上です。

そんな生活を8年以上、続けています。
休んだことは、1日もありません。
私、坊主は何を隠そう、

「三日坊主が大嫌い」

なんですよね。
体を壊しても、身内に不幸があっても、大災害が起こっても、このルーティンを一度も欠かしたことはありません。

そういう意味では、**私以上に「大喜利」に労力をかけている人はいないのではないかと自負しています。**

「坊主」の正体について

ここで気になるのは私の正体でしょう。

名前が「坊主」ですが、本当に僧侶をしています。

お葬式に行って火葬場でお経を読んでいる、**正真正銘の「坊主」です。**

なぜ、坊主が大喜利のお題を出しているのか。疑問に思う人も多いでしょう。

最初に少しだけ、自己紹介がてら、その話をしておきましょう。

元々、私は「2ちゃんねる」が好きでした。

面白い書き込みがたくさんありました。

その中でも、

「ガンジーでも助走つけて殴《なぐ》るレベル」

という表現が、特に私は好きでした。

「将来、誰でも15分は世界的な有名人になれるだろう」というのは、アンディ・ウォーホルの有名な言葉ですが、匿名《とくめい》のネット社会では、それがより顕著《けんちょ》に現れるんですよね。

そもそも大喜利の世界は、芸人さんのものでした。

お客さんの前で、出されたお題に対して、当意即妙な回答を一言で返す。

その芸を見るものでした。

しかし、見ているお客さんの中には、

「自分のほうが面白い回答を思いついた」

という人もいたはずです。

「笑点」を見ながら、テレビの前で面白い回答を言う人が、日本全国、何人かはいたでしょう。

そんな才能が埋もれてしまっていたのです。

ネットの登場により、そんな回答が日の目を見ることになりました。

2ちゃんねるの掲示板では、匿名でのひとつの書き込みが定型文のように一人歩きします。

「誰が言うか」より、「何を言うか」が問われます。

シンプルな面白さだけで判断されて、それが「ネタ化」するんですよね。

大喜利と承認欲求

昨今では、人工知能（ＡＩ）の発達が世間を賑《にぎ》わせています。

人間からの質問に素早く「回答」を出すのを、ＡＩは得意としています。

ただし、ここでの回答は、「最適なもの」であるだけです。

「1＋1は？」という質問に、**「2」**という回答を出すだけの役割です。

しかし、小学生の頃に、「1+1は田んぼの『田』（1+1=で田と書ける）」ということが流行ったはずです。

これは人間的な発想ですよね。

一度聞いたらネタ化しますが、最初に思いついた人は賞賛を浴びたことでしょう。

そういう意味では、大喜利こそが、**じつは人間に残された「最後にできること」**だとは考えられないでしょうか。

お題を出す

↓

その意図を汲《く》み取り、斜め上の回答を出す

↓

見ている人が共感して楽しむ

↓

回答を出した人は尊敬されて承認欲求が満たされる

この一連の流れは、まさに人間としての業《わざ》そのものです。

お題があると、つい答えたくなる。

ラジオのハガキ職人は、パーソナリティーに読まれることにエネルギーを注いでいます。彼らは、プロの芸人を笑わせるネタをせっせとつくっています。

さらにネットが誕生して以降、2ちゃんねるや旧ツイッターが誕生し、大喜利が手軽に開催されるようになり、一気に市民権を得ました。

テレビ番組でも、**「ケータイ大喜利」**などの視聴者参加番組が人気になりました。

人助けと同じで、いざ目の前に困っている人がいると、「目的」なんて必要ありません。

山登りを極める人も、「そこに山があるから登る」というだけです。

「それってなんの意味があるんですか？」

そういう回答が、一番つまらない。

だったら、真剣にボケてみましょう。

見て笑うアホより踊るアホです。

退屈な大人になってしまうよ

「当たり前のことしか言わない」

「誰でも言えることしか言わない」


そんな大人に、あなたはなりたかったでしょうか。

「いや、子どもの頃のように柔軟な考え方を保っていたい！」

誰しもがそう考えたのではないでしょうか。

空を見上げて、

「あ、恐竜だ！」

と指差す子どもに、

「いや、あれはただの雲だよ」

と返す。

なんて、くそつまらない回答でしょう。

そんなものは、先ほども書いたように人工知能がやればいいんです。

人間「あの空の物体は何？」

ＡＩ「雲です。水蒸気でできています」

そんな当たり前の返しではなく、

「たしかにあれは恐竜だね。絶滅したことを忘れ去らないように、神様が空に浮かべてくれたんだろうね」

と、返したほうが楽しい。

これぞ「人間の営みだな」と、あなたは感じませんか。

面接の場でも、営業トークでも、結婚式のスピーチでも同じです。

誰でも言えることを言っても、印象には残りません。

ちょっと違う角度から回答をするから、「あの人は面白い」と思われるのです。

そういう大人であり続けるためにも、大喜利はうってつけなのです。

ボケるときの不安

大喜利を人生に取り入れているなと感じるのは、作家のみうらじゅんさんです。

みうらじゅんさんの「**斜め上のものの見方**」は、大喜利的で非常に参考になります。

・田舎のバス停で1日に1〜2回しかバスが来ない時刻表は、

「地　獄　表」

・もらっても嬉しくないお土産物は、

「いやげもの」

・教科書の顔に落書きする行為は、

「らくがお」

など、秀逸なアイデアがたくさんあります。ぜひ、『「ない仕事」の作り方』（みうらじゅん、文藝春秋）などを参考にしてみてください。

あるいは、俳優の高田純次さんのように、なんでも冗談で返すスタンスも、大喜利的だなと感じます。

「俺は真面目なんだよ。寝てるときはね」

「パソコンは苦手だけど、ボディコンは得意だよ」

「パリは寒いときに行くといいよ。行ったことないけどね」

「この前ナンパしたら、娘の同級生だったよ」

「キミ、誰かに似てるね〜。誰かはわかんないけど」

詳しくは本文で述べますが、短い文章でオチをつけている点が秀逸です。
自慢話や説教を嫌い、いかなるときも冗談で返す。
こういう生き方も大喜利を元に取り入れておきたいですよね。

「苦労」「不幸」がすべて浄化される

人生では、苦しいことがたくさん起こります。

いじめられたこと。
バカにされたこと。
寂しかったこと。

誰にも言えずに抱えていること……

そんなものばかりがあるはずです。

あるいは、「どうしても嫌いな人」もいるでしょう。

そうやって人生を苦しめるものは、**じつは大喜利にすべて生かすことができます。**

たとえば、エレベーターが故障中で、階段で20階まであがることを想像してください。

ふつうなら、「なんだよ。めんどくさいな……」と愚痴《ぐち》を言って終わります。

でも、プラスに考えられる人は、

「うわー、絶対にエレベーターの『開』と『閉』を押し間違えて、人をドアで挟んでただろうから、助かった～」

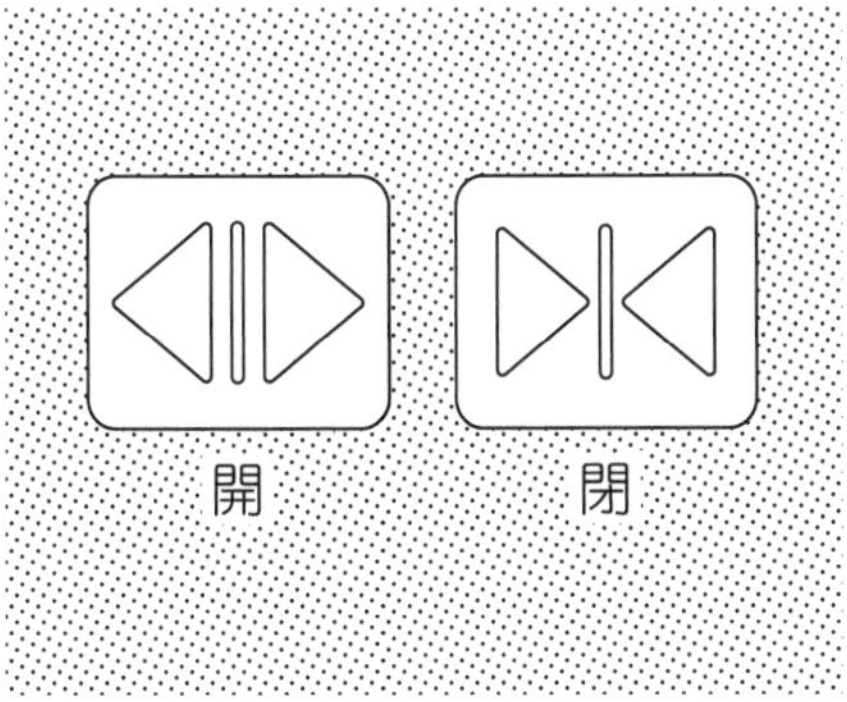

と一言加えることで、前向きに考えることができます。

たかが考え方の違い。されど考え方の違い。

つらいときでも、大喜利脳で乗り切れるのです。

思考は財産です。大きく苦労したり、不幸だったりしたときのネタほど、たくさんの共感を呼びます。


〈お題〉

「考えすぎの人あるある」選手権

回答

自分が言ったことを後で思い出して、

「なんであんなこと言ったんだろう」

「少しトゲがあったかも」

「別の意味で伝わったかもしれない」

「連絡したほうがいいかな」

「いや、そうすると余計に変か」……と凹む

どんなに嫌だった経験でも、心の扉を開けて、第三者に晒《さら》すことで、「いいね」を得られます。

そうして、浄化されていくのです。

怒りも悲しみも、エネルギーに変えられます。

だったら、あなたの考え方ひとつで、笑いや共感に変えてしまいましょう。

そのトレーニングとして、「大喜利」は最適なのです。

ぜひ、**私と一緒に、つらい体験も成仏させましょう。**


私の元にも、「おばあちゃんが亡くなってしまって悲しいので、なんか笑わせてください」という悩みが届きました。

そんなとき、私がショックを受けた「**米津玄師**《よねづけんし》**さんにブロックされている画像**」を見せました。

すると、なぜか笑ってくれて「悲しさが吹っ飛びました。ありがとうございます！」と言われたことがあります。

それ以来、その画像をよく使っています。

米津玄師さんには心より感謝をしています。この場を借りてお礼を言わせていただきます。**ありがとうございます。**

＊

さて、大喜利のメリットを語るのはこれくらいにしましょう。

どのようなとっかかりで考えれば、

あなただけの「おもしろい発想」が生み出せるのか。

その「ちょっとしたコツ」を本書で紹介します。

世の中から真面目すぎておもしろくない返しが消え、個性的で独特な発想がひとつでも増えることを心から願ってやみません。

坊主

序章

大喜利のキホン

第1章

いきなり面白いことを考えない

第2章

大喜利の考え方

第3章 お題の考え方

序章

大喜利のキホン

序章では、**「大喜利のキホン」**について語ります。

「大喜利は才能のある人がやることだ……」

まず、その思い込みをなくしましょう。

「大喜利脳」になるためには、**準備が必要です。**

「紙」と「ペン」。

あとは、ちょっとした考え方。

それだけです（スマホのメモでもいいですが、スマホを触ると、ついどうでもいい動画を見はじめちゃいますからね）。

どんなに会話が苦手な人でも、「**しりとりしましょう**」と言ったら、言葉がスルスルと出てきます。

それと同じ要領で、**あなたの脳内を大喜利モードに切り替えましょう。**

では早速、はじめていきます。

制約とアイデアについて

「何か面白いことを言ってください」

そう言われて、面白いことを言えるでしょうか。

ポクポクポクポクポクポクポクポクポクポクポクポクポクポクポクポクポク……。チーン。

はい、**おそらく何も思い浮かばないと思います。**

ただ、次のようにお題を出されると、どうでしょう。

「こんな学校は嫌だ。どういう学校？」

どうでしょう。少し考えはじめられますよね。

こうやって「**限定的な条件**」を与えられると、頭がぐるぐるとまわりはじめるから不思議です。

なんでもいいから文章を書いてと言われても、何も書けません。

しかし、俳句のように「**5・7・5で、季語を入れてください**」という制約があると、人は無限の表現ができます。

また、クイズのようにお題を出されると、「答え」が気になるものです。

「日本で一番たくさん燃やされている写真があります。そこに写っている人物は誰でしょう？」

どうでしょう。気になりますよね？（正解は「素材7」で）

そういう脳の性質を利用して、一日一題、思考実験で大喜利を考えてみましょう。

瞬発力は、いらない

芸人さんはおそらく、出されたお題に対して、その場で即興で回答を考えています。

つまり、スピードが求められる「アドリブ」の世界です。

その場でゼロから考えて、秀逸な回答を捻《ひね》り出しているかもしれません。

しかし、よく観察してみると、その芸人さんの「得意なパターン」に引き寄せているのがわかると思います。

どんな人にも、これまでの人生で触れてきたものの蓄積があります。

「あの状況は私にとって面白かった」

「このフレーズがよく出てくる」

など、その人特有のクセがあります。

それをアドリブに対して「ストック」と呼びましょう。

自分が面白いと思うことを普段から考えておき、それをお題に合わせて出すやり方です。

一般の人でもできるのは、「ストック」のほうでしょう。

ここで大事なのは、

「素人にスピードは必要ない」

ということです。心に刻んでおいてください。

私たち一般人は、紙を広げて、時間をかけて、じっくりと取り組んでみればいいんです。**芸人さんのような瞬発力は、いりません。**

そして、一度でも捻り出されたアイデアや発想は、その後、頭の中の引き出しの手前に置かれて、いつでも引き出せるようになります。

その習慣をつくってほしいのです。

そうして習慣化した先に「大喜利脳」という状態ができあがります。

大喜利脳の状態では、お題が出されていなくても、日常の会話を勝手に脳内でお題に変換し、いい回答を捻り出そうとします。

いわば大喜利のランナーズハイ状態ですね。

そこに至ると、ちょっとした日常会話やビジネストークでも、秀逸な返しができるようになります。

とはいえ、いきなりその域に達するのは難しい。

そのために、**私たち凡人は、一日一題、大喜利に取り組むことからはじめましょう。**

1つ1つ面白い回答をストックするつもりで毎日を過ごしてみませんか。

「回答」を出すためのたった1つのコツ

では、どうやって大喜利に取り組めばいいのか。

ここで、「1つの補助線」を引きたいと思います。

それが、次の図です。

お題
↓
素材　連想する素材を出す（そのまま使える「特選素材」もある）
↓
加工　その素材に手を加える

この「素材」と「加工」の2ステップを用いれば、誰でも手軽に大喜利に向き合うことができます。

その中身について、説明していきましょう。

〈お題〉
「電話嫌いな人にしかわからないこと」選手権

というお題を例にします。お題にそのまま答えようとすると、

「電話が鳴るだけで怖い」

というようなものしか出てこないでしょう。
これだけでは、ぜんぜん面白くありません。
「当たり前すぎる」「誰でも思いつく」という回答だからです。
なので、まずは、**「お題から連想する素材」**をどんどん出すことです。

ここで有効なのが、「ひとりマジカルバナナ」です。
ギリギリゆとり世代の人は知っていると思うのですが、知らない人のために説明します。「マジカルバナナ」というのは、

「バナナといったら、黄色」
「黄色といったら、レモン」

「レモンといったら、ザテレビジョン」……

というように、言葉から連想するものをつなげていくゲームです。

ここで重要なのが、

「マジカルバナナは面白くなくていい」

ということです。

なぜなら、それが大喜利の回答の「素材」になるからです。

「黄色」や「レモン」に、別に面白さはない。それが極めて大事です。

ただ、「ザテレビジョン」という連想には、少しひねりがあります。表紙の写真でレモンを持っているというあるあるネタが絡んでいるからです。

こういう素材は、**そのまま大喜利の回答になりうる素材です。**

これを「特選素材」と名付けておきましょうか。

さて、先ほどのお題に戻りましょう。

お題の中に、**「電話」**というキーワードがあります。

ここで「マジカルバナナ」の出番です。

「電話」から連想するものをどんどん出しましょう。

「電話といったら、テレフォンカード」

「電話といったら、アイフォン」

「電話といったら、受話器」

というようなことを、どんどん連想します。

この段階で、

「電話といったら、ホリエモン」

と、**「電話してくるやつは時間泥棒だ」**と語ったホリエモンのエピソードが出てきたりすると、かなりいい収穫になります。

先ほどの「特選素材」ですね。

ただ、やはり大事なのは、いきなり「特選素材」を出すことではなく、**とにかく素材の「数を出す」ということ**です。

そうしていくうちに、自分自身の「体験」が出てくると思います。

それも「特選素材」になります。

回答

「電話かけなきゃ」と思ってから、実際に電話をかけるまでに「心の準備をする時間」がかかってしまう

これなんかは、自分の体験という「素材」がそのまま回答になった例です。

素材がよければ、そのまま素材のままでいい。

ただ、素材を「加工」することで、さらにいい大喜利の回答にすることができます。
「1つだけひねりを加える」という方法です。
先ほど連想した「受話器」という言葉にひねりを加えた回答がこれです。

最優秀賞

もはや呪話器

漢字の「受」を「呪」に変えています。
この回答は、実際に「最優秀賞」を与えています。
そして、こういうテクニックには、いくつかパターンがあります。
52ページの図を見返してみましょう。
本書の1章では、「素材を出す」という方法を、

2章ではその素材を「加工する」というテクニックを、それぞれ、紹介します。

このステップを踏めば、誰でも簡単に回答が出せると思います。

「これ、面白いかな？」と1つの回答を躊躇《ちゅうちょ》するより、**数多く考えてみて、たまにクリーンヒットが生まれるくらいで十分なのです。**

どんな物事でも、たくさん考えることで、感覚がつかめてくるのが真理です。

しかし、**人は失敗をしたくないから「一発入魂」をしてしまいます。**

1つの回答に時間をかけて「**どう思われるかな？**」「**ちゃんと伝わるかな？**」と考え込んでしまう。

そして、それがスベると、心が折れてしまいます。

どんな一流芸人さんでも、スベることがあると言いますよね。

街で女性をナンパするときも、最初は立ち止まってくれないことにイラ立ちをおぼえると言います。

嫌な顔をした女性のことを恨《うら》んだりしてしまうのです。

しかし、続けていれば徐々に要領を得て、少しだけ話を聞いてくれたりします。

それに、何人かに一人は、ナンパ待ちしている女性がいたりします。

どんなに口がうまい人でも、１００人中１００人にナンパを成功させることは不可能です。

要するに「**慣れ**」**が**大事ということです。

まあ、**ナンパの話は私の経験談なんですけどね。**

大喜利の回答パターン

回答には大きく分けて２つのパターンがあります。

- ボケ
- 共感

です。

・**ボケて面白いことを言う**
・**ぶっちゃけて共感されることを言う**

と言い換えてもいいかもしれません。

芸人さんの大会では、**「ボケ」**が求められています。

「IPPONグランプリ」なんかは、「ボケ：共感」は、「9：1」くらいの割合です。

一方で、「笑点」のように高齢者向けの番組では、**「共感すること」**がウケたりします。

時事ネタや風刺ネタで拍手が起こったりしていますよね。

「ボケ：共感」は、「5：5」くらいの割合でしょうか。

サラリーマン川柳のように、共感することを主体にした場もあります。

そうすると、「ボケ：共感」は、「1：9」くらいになります。

私の大喜利でも、大きな流れがあります。

開始した最初の1～2年は、フォロワーに若い人が多かったせいか、「ボケ」が優勢でした。

尖った回答も多かったし、インパクトのある一言もたくさん生まれました。

そこから徐々に私のフォロワーが増え、幅広い年代の人が見るようになり、**「共感」がウケるようになっていきました。**

センスのある「ボケのネタ」から、広く伝わる「あるあるネタ」に移行していったのです。

それにより、コアなお笑いファンは離れていきましたが、私としては、**より大衆的になったのでいいのではないか**と思っています。

ここで、「共感」について例を出しておきましょう。

たとえば、日本で「透明なコーラ（コカ・コーラ クリア）」という新商品が発売されたときに、次のようなお題を出しました。

〈お題〉

「最近飲み物を透明にするのが流行っていますが、次に透明になるのはなんでしょう」選手権

このときのベストアンサーは、

最優秀賞

発展途上国の水

でした。思わず、「おお〜」と感心してしまう回答です。

お笑い番組では、感心されるような答えを出すと、芸人さんは恥ずかしくなってしまうらしいのですが、**一般人が考える回答なら感心させるのもアリです。**

ちなみにその他の回答は、次のようなものでした。


「日本の政治」「ブラック企業」

「ブラジャー」「宮迫博之」……


たしかに、液体や飲み物とは言っていません。そこは広げてもいい。

宮迫さんは、当時、「オフホワイト発言」が話題でした。


ただ、最優秀賞の回答は、飲み物という部分を残して「水」として返しているのがいい。

ズラすのもいいですが、**ズラしすぎないものがウケる**という感覚が、このお題と回答から学べると思います。


詳しくは1章で述べますが、お題に沿った回答の仕方をしましょう。

たとえば、「○○の理由」「なぜ○○したのか?」などのお題なら、「〜したから」「〜なので」という語尾で終わらせます。

これだけで、グッとウケ具合が変わります。

やや下ネタですが、

〈お題〉「テレビを見なくなった理由」選手権

最優秀賞

FANZAのほうが面白かったから

という感じです。ちなみに、私はFANZAの存在を知りませんでしたが、調べてみたら納得でした（女性の読者はスルーしてください）。

また、次のように「**よく言った！**」という回答も共感が得られます。

〈お題〉

「コロナ禍《か》が終わってもなくさなくていいもの」選手権

回答

医療従事者の方々へのリスペクトの気持ち

誰も傷つけない時代ですからね。

この回答には、つい拍手したり、いいねしたくなるはずです。

さて、この本の読者は、芸人さんではないと思います。

なので、**「共感すること」「感心すること」**などをメインにしつつ、**「面白いこと」も考えられたら合格点**ではないでしょうか。

「ボケ：共感」を「3：7」くらいの割合で考えていきましょう。

素材を徐々にズラしていく

大喜利ではお題に沿って考えるのがセオリーです。
ただ、**そこからズラしていく方法もあります。**
これは、芸人さんであれば、回答が出尽くしてきたら、やる手法です。

お題

「ツイッターがエックスに変わったので『ツイ廃《はい》』の新しい言い方は?」選手権

というお題で考えてみましょう。
ここでは、最初は「**〇〇廃**」という言葉を残して考えたほうがいいです。
そこから素材を出していきます。
ただ、回答が出尽くしたら、そこからズラしていって、

「はい」「ハイ」「high」……

というように変容させていくと、新しい回答が生み出せます。
ちなみに、このお題では、次の回答が最優秀賞でした。

最優秀賞

えっ、はい

これは、**「だからどうしたの？」**とスカした笑いの取り方をしています。
そっけなく「えっ、はい」とボソッとつぶやくことで面白さが増します。
「エックス」の「エッ」を残しているところもいいですね。いい回答です。

「ちょうどいいお題」について

もちろん大喜利では、「これがベストアンサーだ！」と言えるような回答を目指します。

ただ、「正解」が出てしまうと、そのお題はいったん終了してしまう雰囲気があります。


これまで、私はたくさんの回答を見てきました。

その中には、「秀逸すぎる回答」があります。

そうすると、その回答は、あっというまに広まります。同じお題を出したときに、もうその答えしか浮かばなくなってしまうんですよね。たとえば、

〈お題〉

「『カーモンベイビーアメリカ』的なもの」選手権

というお題を出しました。

DA PUMPの「U.S.A.」という曲のサビ「カーモンベイビーアメリカ〜」部分の替え歌のお題です。
このお題のベストアンサーは、

最優秀賞

サーモンベイビーイクラチャーン

でした。
この回答は、秀逸すぎます。
ぜひ、口に出して歌ってみてください。
語呂がよくて、もう頭から離れないと思います。
「この回答を出すためにこのお題が設定されているんじゃないか？」
と言っても過言ではないレベルです。
ここでは、「ベイビー」を変えずに残しているところがポイントです。
すべてを変えてしまうと、このお題の「的なもの」の条件を満たしません。

「サザエさん」のイクラちゃんは、日本人なら誰もが知っているキャラクターです。その点もポイントが高いです。

意味として秀逸だったとしても、**「あまり知られていないアニメキャラ」を言われると、笑えません。**

ただ、「サーモンベイビーイクラチャーン」は秀逸すぎて、これ以上の回答は出てこなさそうです。

こういう会心の出来は、度々登場します。

ここでいくつか紹介しておきましょう。

〈お題〉

「歯医者で頭におっぱいが当たる現象に名前」選手権

最優秀賞

胸の谷間なう歯科

「風の谷のナウシカ」をもじった秀逸な回答です。もし主人公が「シカナウ」という名前であれば、「歯科なう」でさらに面白くなったのが悔やまれます。

お題

「女装しているお父さんとバッタリ会ったときの正しい対処法」選手権

高齢の住職賞

パパ、丸いの2つとってハハになってるー！

下ネタになる言葉を「丸いの2つ」という表現に抑えています。こんな子どもがいたら、お父さんの女装癖も治るかもしれません。

〈お題〉

「一番すごい都市伝説を言った人が優勝」選手権

最優秀賞

新宿とかの街でよく流れてるバニラ（VANILLA）を逆さから読んだらALL IN AV（みんなAV堕《お》ち）

いずれも素晴らしい回答ですね。

こういう回答は、もちろん大好きです。

ただし本書では、一般人を対象にしているので、さまざまな角度から優秀な回答が出るようなお題をメインに紹介しようと思います。

「遊びの余地」がある感じですね。

全員、１００点を取らないけれど、70点〜95点くらいの優秀な回答がたくさん出るようなもの。

それが「**ちょうどいいお題**」なのではないかと思います。

本書では、そのようなレベルのお題をメインに出していきます。

大喜利というのは、**「当たり前すぎたな」「わかりにくかったな」**という間で回答が揺れ動き続けるものです。

とにかく数を出す。そうすれば、やがていい回答が生まれる。

それを決めるのは、まわりの人の反応です。

「説明しすぎない」という勇気

大喜利の回答を考えるときに大事なことがあります。

それは、**「短いことによって笑いが生まれる」**ということです。

人は伝わらないことを恐れて、つい説明が長くなってしまいます。

それを恐れずに短くする勇気が求められます。それについて、学んでおきましょう。

〈お題〉
「音大生あるある」選手権

最優秀賞
明石家さんまの「ファーw」はミ

実際にどうなのかはわかりませんが、妙な納得感がある回答ですね（ちなみに、「w」はネット用語で「(笑)」の意味です）。

こういう回答を見たときに、**真面目ぶって「本当に?」とつっこんだりするのは、ナンセンス**だと思うんですよね。

そりゃ、さんまさんのさじ加減で「ド」にも「ソ」にもできるはずです。

でも、こうやって言い切られると、勢いで笑ってしまうものです。

正確さより、勢いです。 ちゃんと伝えようとすると、

「明石家さんまがよくやる引き笑いの『ファーw』の音階は、ミであることが多い」

となってしまいます。これでも十分、面白いですが、短いほうが圧倒的に面白い。

ボケは説明しすぎないのが大事です。

先ほどのサザエさんのイクラちゃんもそうですが、**誰にでもわかる表現**というのも頭に置いておきましょう。

お題

「ツイッターがエックスに変わったので、『ツイートする』の新しい言い方は？」

選手権

最優秀賞

xに代入する

うまいですよね。**中学生でもわかるレベルなのがグッドです。**

ちなみに、この回答をしてくれたのは、数学の先生でした。

大喜利についてのキホンは、以上です。52ページで説明したように、

お題
↓
素材　連想する素材を出す（そのまま使える「特選素材」もある）
↓
加工　その素材に手を加える

という「素材」と「加工」の2ステップについて、1〜2章で説明していきます。

ぜひ、ノートを準備して、実際に取り組みながら読み進めてください。

最後に、「序章のおさらい」をしておきましょう。

本書の最後に、**「大喜利トレーニングシート」**というものを付録で付けています。
これを参考に、ノートで**「ひとりマジカルバナナ」**をしてみましょう。

〈お題〉

「ハゲに勇気を与える名言」選手権

というお題の場合、「ハゲ」という言葉から連想していきましょう。

「ハゲといったら、オヤジ」
「ハゲといったら、育毛剤」

「ハゲといったら、光」

「ハゲといったら、孫正義」

「ハゲといったら、豊田真由子」……

「オヤジ」「育毛剤」「光」などが素材になりそうです。

また、孫正義さんの名言「髪の毛が後退しているのではない。私が前進しているのだ」や、豊田真由子さんの迷言「このハゲー！」などが出てくると、**「特選素材」**になりえます。

「ハゲ」というキーワードで、100個くらい素材を出してみてください。

まずはネットで検索せずに**「自分の脳内」**から引き出すようにしましょう。

一日一題、お題を決めて、大喜利と向き合ってみる。

そうすることで、「大喜利脳」は鍛えられていきます。

第1章

いきなり面白いことを考えない

ステップ1

素材を出す

1章では、「**素材を出す**」について語ります。

冷静に面白い発想を繰り出す人の頭の中は、どんなふうなのか。

お題を読んで何を考えているのか。

どうやって回答を導いているのか。


出されたお題に対して、**いかにフラットに物事を見ることができるか。**

それにより、回答の質が変わってきます。

今回、**大喜利が得意な人にもたくさんインタビューをしました**（私はただの坊主ですが、なぜか芸人さんの知り合いも多くいます）。


「大喜利のコツ」は、じつは、言葉にしてしまうと、

「ものすごくシンプル」

かつ、

「訓練すれば誰にでもできる」

ということがわかってしまいました。

芸人さんの中でも、「**大喜利が苦手だ**」ということを公言している人もいます。
彼らが苦労する理由も、本章を読んでいただければ、わかるかもしれませんね。

あなたの脳内に眠っている「**素材**」や「**特選素材**」を外に解き放ちましょう。
釣りと同じく、ボーッとしていても魚はとれません。
ちゃんと竿を持ってきて、エサをつけて、釣り糸を垂らしてください。

面白い発想がきっと出てくるはずです。

素材1

フラット

お題をちゃんと読む

大喜利では、「お題」が出されます。

まず、それをちゃんと読むことが求められます。

というのも、**突飛な回答をすればいいと思い込んでいる人が多すぎるからです。**

〈お題〉

「相田みつをが言わなそうな言葉」選手権

を例に考えていきましょう。

このお題の要素を分解してみます。


「相田みつを」＋**「言わなそうな言葉」**ですね。


この2つの条件を満たすことが大事です。

よくやりがちな失敗は、後半の「言わなそうな言葉」だけを読んで瞬発的に答えてしまうような回答です。

たとえば次のように、**思いついたギャグをそのまま言うような人がいます。**


「はい、おっぱっぴー！（小島よしおのギャグ）」

「ヤー！（なかやまきんに君のギャグ）」


など、パッと思い出しただけのような回答です。

たしかに、「相田みつを」はそれらのギャグを言わないかもしれません。

こういうものを友達同士で言い合っているだけなら、面白く感じてしまうかもしれません。

仲間内なら、何を言ってもウケるようなことってありますよね。

ただ、第三者がそれを見ても**「何が面白いんだろう？」**としか思わないはずです。

ここで、よく考えてみてください。

「おっぱっぴー」も「ヤー」も、どちらも「相田みつを」である必要がありませんよね。

お題をちゃんと読むことが大事です。

ここでは、「相田みつを」という有名人に注目することが求められているのです。

ただそれを意識するだけで、回答の質はグッと上がります。

「正しく読む」だけで導き出せる

序章で述べた、マジカルバナナの要領を思い出してください。

「相田みつをといったら、◯◯」

の「◯◯」を連想するのです。

「相田みつをといったら、詩人」

「相田みつをといったら、名言」

「相田みつをといったら、にんげんだもの」


というように、「相田みつを」から連想することを、**ただ並べるだけでＯＫです。**

ノートの真ん中に「相田みつを」と書いて、そこから連想するものをまわりに書いてみてください。

それだけで十分です。

ここでは、「にんげんだもの」という有名な言葉が連想できたとしましょう。

そして、お題は「言わなそうな言葉」なので、それを否定してみるとどうでしょう。

回答

にんげんだったら、だから何なんだよ

いかがでしょうか。これだけで、ちゃんと回答になっていますよね。

ここでやったことは、ただ「お題に沿って順番に考える」ということだけです。それだけで、模範回答を導き出すことができるのです。

ここでのポイントは、「**いきなり面白いことを考えない**」ということです。

お題を与えられたときに、ちゃんとお題を読み取れるかどうか。

そこで冷静に立ち止まる力が試されるのです。

「フラットなモード」になろう

大喜利のお題を出されたときに、あなたを邪魔するのは、

「**ウケたい！**」

「**面白いと思われたい！**」

という「煩悩《ぼんのう》」です。

その煩悩を、邪念として振り払うことが大事です。

ここで参考になるのは、「雑談が得意な人」です。

あなたのまわりの雑談が得意な人は、雑談に「目的」を持っていないはずです。

オチがなくても、日常の些《さ》細《さい》なことを話すだけで、雑談は成立します。

それとは逆に、「**スべらない話をしてください！**」と言われると、ピタッと言葉が出てこなくなります。

「ウケたい」という煩悩があると、言葉が出てこなくなるんですよね。

そこで、煩悩を捨て、邪念を振り払い、「フラット」に物事を見る方法を伝授します。

そのコツは、

「おばあちゃんの顔を思い浮かべる」

ということです。

「ムラムラしすぎて集中できないときに、おばあちゃんの顔を思い浮かべて冷静になる」

という方法が、特に男性にはあります。
それと同じですね。

煩悩が拭い去られて、スーッと冷静になり、**フラットな思考が戻ってきます。**
そして、あなたの優しいおばあちゃんは、話にオチを求めずに、「そうなんだね～」と、じっくりと耳を傾けてくれることでしょう。
ということで、

おばあちゃんの写真を載せておきますね。

大喜利のお題を見たときに、おばあちゃんの顔を思い浮かべて、おばあちゃんに語りかけるように、素材を出すようにしてください。
すると、「おっぱっぴー」「ヤー」などと、勢いだけで人を

笑わせようとする煩悩はなくなるはずです。

そして、

「相田みつをといったら、

『にんげんだもの』だよね、おばあちゃん？」

と、頭の引き出しから当たり前の発想が出てきやすくなります。

まずはこの方法を押さえておいてください。

素材1まとめ

「煩悩」を操れる人は、「発想」も操れます。

素材2

擬人化

別人になれば言葉が出てくる

回答の素材を出すときに、基本は「マジカルバナナ」の要領だと説明しました。

ただ、それだけでは限界があると思います。

さまざまな方法で、ネタを「**ストック**」しましょう。

そこで、ここからは、**さらに素材を出すためのテクニック**を紹介していきましょう。


言葉というのは偉大です。

言葉が話せれば、どんなものでも、人間っぽくなれるからです。


その方法を、「擬人化」と言います。

「セリフ」をあててみよう

まずは、目の前に置かれているものを見つけてください。

ノート、スマホ、コップ……。

それらは、いま、どんなことを言っているでしょうか。

ノート **「私は方眼ノートです」**
スマホ **「いま、充電が20%です」**
コップ **「炭酸水が注がれています」**

連想のひとつのテクニックとして、擬人化をさせたモノの「セリフ」なら、意外と言葉が出てくるものです。

モノになりきって、声をあててみてください。

そこは当たり前の言葉で大丈夫です。

思いつくままに、どんどん書き足していきます。

そのモノに、どんな「**特徴**」があるのか。
どんな「**悩み**」を抱えていそうか。
どんな「**自慢**」をしていそうか。

それを書き出してみましょう。
ノートの真ん中に「ノート」と書いて、そこからノートが話しそうなセリフを書いてみてください。

ノート「おい、開いたままだけど、何も書いてないぞ」
ノート「私で蚊を挟んで殺すんじゃない」
ノート「お前、『しんにょう』書くとき震えすぎだろ」

ここまでくれば、大喜利の回答っぽくなりますよね。
実際にモノと会話するのもありかもしれません。
そのときは、**心の中でしゃべるようにしましょう。**
声に出すと、人に見られたときに取り返しがつきませんからね。

「特徴のある有名人」になりきってみる

何も言葉が出てこなくても、誰かになりきることで、言葉が出るようになります。「はじめに」でも述べたように、子どものような視点は、つねに大事に持ち続けたいものです。

そういうとき、「**滝沢カレン**」さんのような「ぶっちゃけタレント」が参考になります。

滝沢カレンさんは、**見たままのことを口にすることで有名です**（まあ、ちゃんと見ると、したたかな計算があるのかもしれませんが）。

たとえば、次のようなお題と回答を見てください。

お題

「滝沢カレンが駅伝の解説で言いそうなこと」選手権

回答

そんなつらそうな顔をしているなら
タクシーに乗ればいいのに
給水所が、まるでサイゼリヤの
ドリンクバーのようです

まるで子どものような視点ですよね。

このように、あなた自身は普通の人間でも、特徴ある有名人になりきることで、「素材」を出しやすくすることができます。

文章の場合なら、**「村上春樹」**の文体が参考になります。

〈お題〉

「村上春樹がカフェの店員だったら」選手権

回答

カフェオレだけを頼んでもいいし、一緒にレモンケーキを頼んでもいい。どちらにせよ、僕には関係のない話だ

すべてを受け入れているように見せつつ、どこか冷めている表現が特徴です。村上春樹の文体からは、**中二病の男子のような視点が得られます。**

ここでは、どちらもお題に「滝沢カレン」「村上春樹」という条件が書かれていますが、そうでないときにも使えるテクニックです。

〈お題〉

「それを言ったらおしまいですよ?・」選手権

回答

豪華なコレクションですね!

死んだらただのゴミになるのに(滝沢カレン風)

紅組が勝とうが白組が勝とうが、年が明ければ誰の記憶にもないんだ(村上春樹風)

「失礼な人モード」で考える

こうして別人になると、**普段より「失礼」になることができます。**
それにより、**頭のタガが外れます。**
先ほどの滝沢カレン風は、やや失礼な言い方が特徴でした。

お題

「滝沢カレンが卒業式の式辞で言いそうなこと」選手権

最優秀賞

春の暖かな日差しが、
迷惑なほど気持ちよいこの日に

「迷惑なほど」という言い方が絶妙に失礼ですよね。

別人になると、こうやって少し踏み込んだ言い方ができるようになります。

別に、日常生活で失礼をしているわけではありません。

ただ、真面目に考えすぎるより、**多少は毒があったほうが面白い**と思うんですよね。


おせっかいで勝手にライスを大盛りにされたときに、

「よくも大盛りにしてくれて、ありがとうございます」

電車に列を割り込まれたときに、

「どうせ座れないのに、我先にと入ってまいりました」

と、余裕を持って言い返せるかもしれません。
まあ、言い返せないと思いますが、**心の中でつぶやくだけでも、スカッとするものです。**

頭が固くなったら、

「脳内で失礼な人になりきる」

ということをやってみましょう。
きっと、自分が自分じゃないような発想が出てくるはずです。

素材2まとめ

真面目でも、失礼な「ふり」ならできるでしょう。

素材3

自虐《じぎゃく》

あなたのダメさは面白い

大喜利の回答の素材を出すときには、「自分の脳内」からネタを引き出すことが求められます。

大喜利の世界では、ネガティブな人が光を浴びます。

お笑いの世界でも、**根が暗い人のほうが「ネタが面白い」と言われます。**

「モテなかった」

「友達がいなかった」

「社会不適合者だ」……

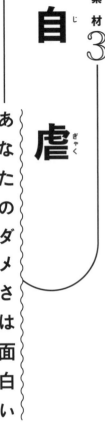

など、**自虐的な回答**は、つねに多くの共感を呼びます。
そうであれば、**思春期のときに溜め込んだモヤモヤ**を、ここで一気に発散するときです。

私の大喜利でも、自虐ネタを求めるお題では、回答数が一気に増える傾向があります。
たとえば、

〈お題〉
「童貞のカッコいい別名」選手権

というお題は、わりと答えやすいでしょう。

「童貞といったら、チェリーボーイ」
「童貞といったら、DOUTEI」
「童貞といったら、ヤってない」……

というように、マジカルバナナの要領で素材がどんどん出てきます。

この素材を見るだけでも、

「それでもボクはやってない」という映画のタイトル
「頭文字〔イニシャル〕D」というアニメのタイトル

などが連想できそうです。ちなみに、少し加工すると、

回答

賢者の意志

というように、ハリー・ポッターの**「賢者の石」**を言い換えた回答が生み出せます。

「賢者」は**「賢者モード」**という言葉で使われる、煩悩から解放された状態のことで、

「石」を**「意志」**と変換することで、あえて童貞でいるカッコよさを醸し出せますね。

その他にも、

「道程（高村光太郎）」
「決して誰も傷つけない漢《おとこ》」
「男子シングルス世界大会の優勝者」

と、溢れ出るように、秀逸な回答が出てきました。
ちなみに、このお題は、「童貞の言い訳」選手権など、いろいろとバージョンを変えて出しています。

「自虐モード」を使いこなそう

ここで学べることは、

「人は自虐モードになると、頭の回転が速くなる」

ということです。

お題にネガティブな自虐ワードがあると、連想する言葉がどんどん出てきます。

「ニート」「非モテ」
「コミュ障」「メンヘラ」
「服がダサい」「センスが悪い」……

いかがでしょう。

自分のことに置き換えると、頭の中を言葉が駆け巡ると思います。

自虐というのは悪口と似ていて、**一度はじまると止まらなくなってくるんですよね。**

だったら、その特性を生かしましょう。

たとえば、ノートの真ん中に「コミュ障」と書いて、そこから連想する体験を書いてみてください。

「コミュ障だから、面接で何を話しているのかわからなくなる」
「コミュ障だから、初対面では早口でまくし立てちゃう」
「コミュ障だから、どんなときもついメールで連絡する」……

と、マジカルバナナよりも少し長めの文章に変形させて、発想の糸口を探りましょう。
あなた自身のダメなエピソードは、ネタの宝庫です。
この素材だけで、「コミュ障あるある」の回答になります。

〈お題〉

「コミュ障あるある」選手権

回答

職場で同じフロアにいる人なのに、つい、メールで伝えてしまう

いかがでしょうか。ちゃんとお題と回答になっているでしょう。

自虐というのは、

「私は○○ができない」

「つい、○○してしまう」

というように、自分の悪い部分を見せているだけのように見えます。

しかし、それは多くの人にとって**「共感」を生み出す**んですよね。

自己開示によって人と仲良くなる性質もあると言います。

第三者に伝わってしまう「リアルさ」

じつを言うと私、坊主は、**そんな自虐の回答が大好きです。**この8年間で特に印象的だった回答は、次のものです。

お題

「ニートにしかわからないこと」選手権

最優秀賞

ニートは毎日夏休みと言われるが、実際には宿題を放置したまま迎える8月31日みたいな気分が毎日続く

一瞬、笑ってしまう回答ではあるのですが、よく考えてみると、**深い共感が読みとれます。**

「ニートといったら、焦りがある」

「ニートといったら、毎日が夏休みと言われる」

と、**「ニート」**と**「非ニート」**の間にあるギャップを埋めるような回答になっていますよね。

こうやって、当事者ではない人の誤解をうまく解消するような回答は、共感を生みやすくなります。

「なるほど、実際はそうなのか！」というリアルさがあるからです。

「ニートは毎日が休みでいいよな～」という冷たい意見がある世の中で、誰もが焦りを感じる**「夏休み最終日」**という例え方は秀逸です。

非ニートの人でも、**本当にニートの人の気持ちになる感じ**がしないでしょうか。

「ニート」という自虐フレーズから、これくらいリアルで切実な気持ちを言語化できるのです。

「自虐モード」で体験を語るというのは、これほどの威力があるんですよね。

大喜利は「弱者」に寄り添う

ちなみに、当事者にしか語ることができないリアルさ。

それは、マイノリティを描くような小説や文学にも通じるものだと思います。

大喜利という場も、文学と同じように、**「弱者に寄り添うもの」でありたいな**と私は思っています。

「社会不適合者」への優しい眼差しは持ち続けて、私自身、お題を出し続けていきます。

ということで、「自虐モード」を基に、素材を出す方法について述べました。

ひとつ思い出せば、芋づる式に体験談が出てくるかもしれません。

その手法を、ぜひ覚えておきましょう。

学食で食べたかったけど、1人でいるところを見られたくないから、トイレで食べる人を「**便所めし**」と呼びました。そのように、

「○○したいけど、△△をしてしまった」

など、体験ベースになっていると、いい自虐が出てきます。

「腹が立った」「許せない」などと、感情ベースになってしまうと、卑屈っぽく聞こえてしまいます。

そこは注意しておきましょう。

素材3まとめ

つまらない自慢話より、笑える自虐話を。

素材4

苦手

できないことが強みになる

前項の「自虐」を、さらにもっと広げる手法があります。
落語や漫才などの笑いの原点は、「弱点をさらすことだ」と言われています。

「こんな身分の低い自分を笑ってください」
「あなたよりダメな私を見てください」

など、自分のことを下に見てもらうことで、笑いは起こります。
時代の流れで徐々に、デブ・チビ・ブスなどの表現は使われなくなりました。
しかし、それでも「下に見られる」という部分はやり方次第でうまくいきます。

あなたにとって、「**これが苦手だ**」というものを見つけてください。

そこに笑いや共感を生み出す素材が隠れています。

私も、弱点や苦手の部分をくすぐるようなお題をよく出します。

お題

「方向音痴ガチ勢にしかわからないこと」選手権

というようなお題に、方向が苦手な人は飛びつきます。

おそらく、人間の心理として、「**弱音を吐きたい」という欲**があるのかもしれません。

誰かにそれを言いたくなるのでしょう。


このお題に対する模範回答は、次のとおりです。

回答

自信満々で間違った方向に歩き出してしまう

その場では恥ずかしい出来事でしょう。
しかし、こうやって大喜利にすることで笑いに変わります。
だったら、日頃からストックしておけばいいのです。
たとえば「音痴《おんち》」という悩みもあるでしょう。
「自分は気持ちよく歌っているつもりなのに、周りはクスクス笑っている」
などと、恥ずかしい経験を話してみてください。
きっとまわりの人はウケてくれるはずです。
つらい経験も、誰かに笑ってもらったり、共感を生んで、**成仏させられるのです。**

センシティブな弱みに注意

その他に、体の弱い部分でも、共感を生み出します。

〈お題〉

「三半規管の弱い人にしかわからないこと」選手権

回答

車で吐いたことを思い出してしまい、車の中のにおいを嗅《か》いだだけで酔いはじめる

このように、そのタイプの人にしかわからないような体験は、同じタイプの人の共感を集めます。

他にも、**「汗っかき」「偏頭痛持ち」**などのお題をよく扱います。

ちなみに私も偏頭痛持ちです。

田舎に帰ったときや、師匠と会わないといけないとき、ストレスで頭が痛くなります。**おそらく無理してお坊さんをやっているのでしょうね。**体が拒否反応を起こして、頭が痛くなってしまいます。

なので、こういうお題に共感を覚えます。

お題

「偏頭痛の人にしかわからないこと」選手権

回答

脳みそに心臓があるかのように

ドクドク鳴っている感じがする

この感じ、私にとってはすごくリアルです。

ただ、頭痛持ちでない人には、もしかすると伝わらないかもしれません。

同じ症状を持つ人は、その表現を考えてみてください。

きっと共感し合えることでしょう。


ただ、**病気にまつわる大喜利は要注意です。**

「○○病」や「○○症」など、病気をネタにするのは、あまりよくありません。

「汗っかき」も言い方を変えると、「多汗症」ではあります。

こうやって大喜利にするときは、病気の一歩手前くらいの「少し困っている程度」の場面を想定しておこなうのが大事です。

笑いと不快の線引きに注意しましょう。

「これで苦しんでいる人がいるかも?」という顔がリアルに思い浮かぶなら、やめておいたほうがいいのかもしれません。

人間としての「体験」

ＡＩ時代に、人間にしか生み出せないものがあります。
それが、「体験」です。

〈お題〉

「眠れない人にしかわからないこと」選手権

回答

とうとう新聞配達をするバイクのエンジン音が聞こえたときの絶望感

「ひとりマジカルバナナ」をして言葉が出てきて、それを見ているうちに「**そういえば……**」とエピソード（体験）が出てくる。

「眠れない」というキーワードから「朝を迎える」「目が冴《さ》える」などのキーワードが出てきて、「あのバイクの音」を思い出す。

このように、**音・におい・触感**などが加わると、人間らしい体験になってきます。

それを聞くだけで相手と体験が共有できますし、お互いの距離も縮まりますね。

まさに人間らしさの極みだと思います。

人間だからこそ、**ついやってしまっている体験**もあるでしょう。

お題

「ストーカー気質の人にしかわからないこと」選手権

回答

気になった人のSNSをフォローし、

その人がフォローしている人、フォロワー、「いいね」した投稿まで、すべてチェックする

実際にストーカーをしていたのではなく、ネット上でストーカーっぽくなる。

そのあたりを絶妙についた回答です。

ちなみに、このお題は、ストーカー被害で困っている人もいるので、慎重に扱っています。なので、ストーカーではなく「**ストーカー気質**」という言葉を使っています。

こうやって**お題の表現をボカすこと**も重要なんですよね。

大喜利の回答は、もちろん頭の中で考えます。しかし、やはり、

「実体験」ほど面白いものはありません。

113ページのお題に関連して、

お題

「音痴の人あるある」選手権

の回答を1つ紹介しましたが、この回答は、

回答

家で一人で歌っているのを録音し、あとで聞き直すと落ち込む

というように、「**本当にやってみたこと**」にすると、かなりいい回答です。一度でもやってしまえば、回答に体重が乗ります。だから、ウケます。

「**そこまでやったのかよ！**」

と、周りからつっこまれるようなものは、特に評価が高いです。

あるいは、「あのとき、こう思った」という感想も体験のひとつです。

隠れ陰キャには、「間が怖いからよくしゃべるだけで、自分が陰キャだとは気づかれない」という悩みがあるそうです。

これも、実体験だからこそわかることです。

もし自分が陰キャでなければ、自分の体験として心の中のことは語れませんよね。

お題

「一人が好きな人にしかわからない」選手権

回答

「いまヒマ？」という聞き方が嫌い。内容がわからないと答えようがない

友達と遊ぶ休日は、いろいろなことを気にするから休日ではない

こうやって、心の中を具体的にすればするほど、相手に伝わります。

思いきって、「あのとき、こう思った」ということを開示するのが大事なんですよね。

ということで、**あなたの弱点を正直に書いてみましょう。**

ノートの真ん中に「私は○○ができない」と書いて、そこから連想する体験を書いてみてください。

「友達付き合いができなかったから、
友達と知り合いの境目がわからない」

「友達付き合いができなかったから、
会う当日になると億劫《おっくう》になる」

「友達付き合いができなかったから、LINEで連絡がくるのは『公式アカウント』だけ」

こんな本を読んでいるあなたには、耳が痛かったかもしれませんね。**ごめんなさい。**

私を慰めてください

さて私自身、過去の友人関係は、ほぼ切れてしまっています。

いいように言うと**「執着しない」**ということです。

現世を諦めている部分が少しあるのかもしれませんね。

こうして「坊主」としてネット上で有名になっても、そのことを友達に言ったりしません。

フォロワーが100万人を超えたら、まわりに言ってもいいかなと思っていましたが、それをクリアしても言っていません。甥っ子や姪っ子にバレるのが特に恥ずかしいです。

私が法事をとりおこなっているときに、「あの坊主だ」と思われるのも嫌です。
みなさんも、**大事な葬式の場で、こんなふざけた私が来たら最悪でしょうに。**

そんな私は、自分の気持ちを慰めてくれるような回答をたくさん求めています。
恋愛の痛い失敗にも共感が集まります。

「恋バナになったら想像で話に入るけど、
まわりから全否定される」

というような人間らしい実体験は、想像するだけで胸が締めつけられますね。
どんどん思い出して成仏させましょう。

素材4まとめ

弱音の中に、キラッと光る体験談があります。

素材5 うすうす

あなたにも裏の顔があるはず

大喜利という場では、「**少しいじわるな目線**」が武器になります。
序章では「ボケる」「ぶっちゃける」という表現をしましたが、ここで取り上げる「うすうす思っていることを言う」という方法は、その核心を突くテクニックです。

たとえば、「死」という不謹慎な話題も、笑いのネタになります。
大好きなおじいちゃんが死ぬことは誰もが悲しいことです。
しかし、心の中ではうすうす、こう思っていないでしょうか。

〈お題〉

「心がほっこりしない孫の言葉」選手権

回答

おじいさんって、おじ遺産だね！ 僕のために他界他界してよ〜〜

「亡くなるのは悲しい。けど、遺産は嬉しい」

そんな「うすうす思っていること」は大喜利ではウケます。

これに対して、真面目に「**そんなことを言ったらかわいそうだ！**」と怒り出すような人は、つまらないですよね。

まあ、「**※これは大喜利です**」**という注意書き**を添えないといけないこともあります。

窮屈ですが、配慮は仕方ありません。

他にも、義理の実家には、うすうす「行きたくない」と思っている人もいるかもしれません。

そんな気持ちも、ここで吐き出してみましょう。

お題

「義実家に行きたくない言い訳」選手権

最優秀賞

グーグルマップのピンが家に刺さって抜けないんです

高齢の住職賞

餅を大きく切るクセがあるので

どうすれば行かなくても済むかを考えてみるのです。

すると、思考がスルスルと進むことでしょう。

特に2つ目の「餅を大きく切るクセがあるので」という回答は秀逸です。

殺してしまう危険性を遠回しに表現しています。**ブラックジョークですよね。**

ここまでの優れた回答は出てこなくても、「**うすうす行きたくないと思っているんだよな～**」と正直になることが重要です。

あのとき言えなかった話

これまでの人生の中で、**あなたしか気づかなかったこと**があるかもしれません。

たとえば、「友達の家に遊びに行ったときに、そこにいたお母さんと、授業参観に来ていたお母さんが別人だったのに気づいてしまったようなとき」です。

私の地元にも、荒れた家庭があって、ヤンキーの親はこのようなことがよくありました。

でも、その友達にも言えないんですよね。まわりの友達にも言えない。

そのような「あのとき言えなかった話」があなたの脳内にも眠っているはずです。

よく「**墓場に持っていこうと思っていた**」というフレーズを聞きますが、それを現世で成仏させるのも、私の坊主としての仕事です。

さあ、どうぞ吐き出してください。

お題

「『あ、この会社やばい！』と思った瞬間」選手権

回答

正社員登用制度があります！未経験者でも大歓迎のアットホームな職場です！

これは、求人サイトで友達が働いている会社の案内を見て、うすうす思ってしまうようなことです。

「働きやすそうな会社だね〜」

と口では言いつつ、目ではハッキリと「アットホーム」「未経験者」という文字をとらえているのでしょう。

「正社員登用制度」があるのであれば、もしかしたら、その友達はアルバイトか契約社員かもしれません。

それも直接は聞きにくいですからね。

「いじわるモード」になる

テレビ番組やＣＭを見ながら、家族や友達と「これって〇〇だよね～」と言い合っているようなことが素材になります。

「あの芸能人、整形したよね～」
「あの演歌歌手、絶対にヅラだよね～」
「この商品、誰が買うんだろうね～」

というようなレベルで十分です。

こういう「いじわる」なことを、**自由に頭の中で考えてもいい**んです。

別に、実際に芸能人を目の前にして、「お前は整形だ！」と言っているわけではありません。

ただの「思考実験」です。

だったら、思いきり「いじわるな人」になりきってみるのも、いいですよね。

そう、大喜利では、**「いじわるな人」が強いのです。**

〈お題〉

「クリスマスにイチャイチャしているカップルに地味な嫌がらせ」選手権

これに「高齢の住職賞」を与えた回答は、

高齢の住職賞

子どもを雇って「パパー」って抱きついてもらう

でした。ぜひ、ここまでの想像力を働かせてみましょう。

たとえば、ほら、インスタグラムを開いてインフルエンサーたちの生活を覗いてみて

ください よ。

あなたの裏の顔がむくむくと出てきて、**いじわるな言葉が溢れ出てくるはずです。**

そのスイッチを入れて、存分に大喜利でぶつけてみましょう。

「過去」を掘り返す

さて、少し過激になりすぎたかもしれませんね。

大事なことは、あなたの「恥ずかしかったこと」もネタになるということです。

たとえば、

「過去に○○をやっていた人は、正直に言ってください」

という聞き方をすると、いいネタがよく出てきます。

そのときは恥ずかしいと思っていた行動も、過去のことになったら言えるのでしょうね。

「過去に『追っかけ』をやっていた人は、正直に言ってください」

「過去に『芸能人をマネた髪型』をやっていた人は、正直に言ってください」


いまの家族に隠れてやっていたこと。

当時の友達に言えなかったこと。


そういうものを素材として思い出せれば、ぜひ公開してみましょう。

たくさんの共感を呼ぶはずです。

ここでは、**日記をつけていた人がトクをすると思います。**過去の詳細なエピソードはネタの宝庫なんですよね。


ということで、いまだから言える「恥ずかしいこと」をノートに書きましょう。

ノートの真ん中に「○○さんに隠していること」と、身近な人の名前を書いて、そこから連想する体験を書いてみてください。

また、

「これを覚えている人は『オジサン・オバサン』です」

などの聞き方も、反応がいいです。

「土曜日も学校の授業があって大変だったよね～」
「スマホがないから駅で待ち合わせするときは伝言板があってさ～」
「カップルが喧嘩したらケータイを逆に折る『逆パカ』をしてたよね～」

人は過去の話が好きですね。**どうりで、みんな成長しないはずです。**

日頃から「疑問」を集めておく

「うすうす思っていること」というのは、別に性格が悪くなくても大丈夫です。日常生活で疑問に思ったことはストックしておきましょう。

「名探偵コナンや金田一少年は、行く先々で事件に巻き込まれるよな」

というようなことです。

「**それやりすぎ**」「**大袈裟すぎ**」とつっこむようなことは、誰もが思っていることである可能性が高いです。

それを早く指摘した者勝ちです。あるあるネタもすぐに古びますからね。

「**それ、他の人がネタにしていたよ**」と思われたら、一気に寒くなってしまいます。

鮮度があり、その人なりの見方であること。

勇気を持って言い出しっぺになることです。

たとえば、最近の私の疑問は、これです。

「文章の最後に『！』を付けるのを
みんなでやめない？」

ということ。なぜか、日本語では、「**わかりました！**」と「**わかりました。**」では受け取られ方が異なります。

「**わかりました。**」だけの返事だと、「**怒ってる？**」と思われてしまうんですよね。

でも、本来なら「**！**」なんてなくても、文章だけで成立していたはずです。

だったら、いっそみんなで「せーの」で使わないようにしたほうがいい！！

さて、こういったことは小学生の頃に、たくさん感じることです。

「なぜ、動物は歯磨きしてないのに虫歯にならないの？」
「なぜ、給食に合わないごはんの日でも牛乳なの？」

というようなことを毎日、考えていたはずです。
しかし、年をとるにつれて、そういう疑問を持つことを忘れてしまいます。
そうなると、日常生活は何不自由なく送れると思うのですが、一方で**頭の固い大人になる第一歩**だとも思うんですよね。
なので、大喜利という自由に発想する舞台では、その枠を外してみましょう。

素材5まとめ

その話、墓場に持って行かないで、さらけ出してください。

素材6

あるある

共通体験の中にネタは宿る

ここまで何度も登場してきたのが、「あるある」という概念です。

芸人さんのネタの影響によって、「あるある」は日本中に浸透しました。

その中でも、**学校の思い出は、あるあるネタの宝庫です。**

「国語の教科書に載っている『モチモチの木』の絵」

「プールに入る前の寒すぎるシャワー」

「修学旅行のグループ分けのときのドキドキ感」……

誰もが経験した「共通体験」はいつでもウケる鉄板ネタです。

107ページで紹介した「8月31日の気分」というのも、共通体験のひとつでしょう。

誰に言っても必ず伝わりますよね。

その性質を使って、素材を出すコツを身につけましょう。

「学生モード」で考える

あなた自身は、小学校や中学校では、どんなキャラだったでしょうか。

大きく分けると、「**陽キャ**」と「**陰キャ**」があります。

あなたはどちら寄りでしたか。

もしかすると、小学校では陽キャだったのに、中学校では陰キャになり下がったかもしれません。

陽キャになって、クラスのみんなから脚光を浴びたい。

そんな思いが、次のような想像を駆り立てたかもしれません。

「突然、教室に入ってきた敵を、

変身して必殺技で倒すところを考えてニヤニヤする」

こんなふうに、「自分が陰キャだったから、〇〇」「自分が陽キャだったから、〇〇」という思考によって、過去の思い出がフラッシュバックすることでしょう。それがあるあるネタになります。

もしくは、**自分とは異なるキャラも引き出せるかもしれません。**

卒業アルバムを見ているような感覚で、

「クラスで一番イケてる女子」

「男子からは嫌われていたけど、女子の友達が多かった男子」

など、記憶を引っ張り出しましょう。

すると、次のような大喜利にも答えられると思います。

〈お題〉

「陽キャ女子あるある」選手権

回答

休み時間は大きい声で騒いでいるのに、授業中に先生からあてられると小声

こういう光景に覚えがありませんか。

ゼロから想像でキャラを考えることは難しいですが、**特定のクラスメートを思い出せば、細かなエピソードが出てくるから不思議です。**

ノートの真ん中に「クラスメートとキャラクター」を書き、その特徴を連想してみましょう。きっと、**忘れかけていた甘酸っぱい記憶が蘇るはずです。**

もちろん、わかりやすい「学校あるある」もあります。

〈お題〉

「小学生がやっているバカなこと」選手権

回答

階段の踊り場で必ず踊っているやつがいる

テツandトモさんが言いそうなネタですが、これくらいのレベルでも鉄板でウケます。誰もが生まれてきたときは赤ちゃんだったように、**どんなに偉い人でも小学校や中学校に通っていたのです。**こんなに使いやすいネタはないでしょう。

学生時代の「ある一日」

さて、目をつむってみてください。

あなたは実家のベッドで朝を迎え、学校に行かなくてはいけません。

「いつもの朝食は何でしたか」
「テレビは何をつけていましたか」
「通学は自転車だったでしょうか、それとも徒歩でしょうか」……

こんな感じで、ある一日を追いかけてみましょう。

ちなみに、私はチャリ通でしたが、通学途中でいつもすれ違うおじさんがいたことを思い出します。

ある日、そのおじさんといつもより早くにすれ違ったとき、

「うわー、遅刻だ！」

と焦ったものです。

自転車を漕いでいるときは、そんなことばかり考えていました。

そして時を経て現在、逆に私が誰かの目印になっているかもしれません。

いまは坊主ですから、

「あのハゲだ」

と思われているかもしれない。


そんな記憶が、あなたにもないでしょうか。

そういう想像力を、ヒマなときに一度、働かせてみてください。


こうやって学校時代のあるあるを読んでいたら、嫌な記憶も出てくるでしょう。

体育の時間の嫌な思い出は、誰もが持っていると思います。


〈お題〉

「小学校のときにいたクズ」選手権

最優秀賞

大縄跳び失敗した子に「えっ」って言う

こういう人がいませんでしたか。

もしくは、あなた自身がそのタイプだったかもしれません。

いずれにしても、よくない思い出ですよね。

私がここで成仏させておきましょう。


小学校や中学校時代、**「運動神経のいいやつ、悪いやつ」「モテようとしていたやつ」「ウザかったやつ」**などに、敏感だったはずです。

大人になったいま、ネタとして話せるときが来たのです。

素材としていつでも引き出せるようにしておきましょう。

「あるある」の便利さ

「あるある」というのは、学校だけに限りません。
どんなコミュニティにも、あるあるネタは存在します。ただし、
ある程度、大衆的なものでないと、人に伝わりにくいんです。
あなたの属性を挙げてみましょう。

「出身はどこか？」「学歴はどこまでか？」
「趣味は何か？」「好きな食べ物は何か？」……

など、一般的なものの中であれば、あるあるネタが使えます。

しかし、専門的なものは取り扱い注意です。
たとえば、競馬ファンは、「1500という数字を見るとキリが悪く見える」のだそうです。一周の距離が1000、1200、1400、1600……と増えますか

らね。

他にも、「天気予報では自分が住んでいる地域より、競馬場がある地域を見てしまう」ようです。

というように、専門的な「あるある」はいくらでもあります。

でも、**これは相手も競馬ファンでないと伝わりません。**

まあ、**雑学としてネタにする方法**もないわけではありません。

「『朝っぱら』は、埼玉の方言」だと言いますが、初めて聞いた人は、「へ～!」と驚くことでしょう。

そのあたりの話は、次の「素材7」に譲りましょう。

まずは、伝わりやすいものを素材として出すようにすることを考えましょう。

素材6まとめ

「学校あるある」は日本人の大好物です。

素材7

業界ネタ

あなたの職場でしかわからないこと

「あるあるネタは、伝わりやすいものがいい」ということを前項で書きました。
いわば、**「間口の広さ」**が大事だったわけです。
ただ、伝わらないことが逆に面白さにつながるときもあります。
つまり、「狭さ」が驚きに変わるということです。
それが、「業界ネタ」です。

みなさん、それぞれ何かしらの業界に所属しているでしょう。
私も、「仏教業界」「お坊さん業界」にいます。

お題

「お坊さん業界あるある」選手権

そこでしか知られていないコアなネタは、ここぞというときに使えます。
たとえば、次のような話です。

回答

仏教には、優しい言葉を使おう、という意味で「不悪口《ふあっく》」という概念があります。卑猥な言葉を言っている人に、「ふあっく！」と声かけをしましょう

これは、英語がわかる人にウケるネタです。

「不悪口」が生まれたときには、まさか海の向こうでまったく逆の言葉が生まれるとは思いもよらなかったでしょうね。

そんなふうに、どんな業界にも、特有の言葉や話があります。

ちなみに、大喜利の回答では「短く」が鉄則でしたが、**業界ネタの場合は少し長めに説明したほうがいいかもしれません。**

詳しくは2章で述べますが、伝わるように「**前置き**」をしてオチを付けましょう。

「内輪」で話す恋愛ネタ

みなさんの業界ネタを探してもらうために、私の「お坊さん業界」のネタをいくつか紹介したいと思います。

先ほどの「不悪口」と同じように、業界用語に注目してみましょう。
お坊さん業界には「合掌《がっしょう》」というものがあります。
手のひらを合わせる仕草です。

回答

お坊さんの結婚式でよくあることですが、
余興で司会の人が、
「みなさんで合唱をお願いします」と言ったときに
合掌してしまう坊さんが必ず何人かいます

これは事実です。特に、老僧に多い印象です。

あるいは、**「内輪で飲んでいるときに話すようなもの」**もネタになります。

たとえば、お坊さん業界には「寺の婿《むこ》」問題があります。

回答

お寺さんで男の子が生まれなかった家系から、「ウチの3人娘、誰を選んでもいいぞ」というお見合いの誘いが来ます。お寺の次男や三男によく声がかかります

というような話は、**酒の場ではグチとして話しがちです。**

こういう結婚や恋愛の話題なら、業界と関係ない人でも「そうなんだ〜」と面白がってくれます。

回答

寺の娘は、実家がお寺であることを隠して彼氏をつくりがち。その後、その彼と結婚する頃に正体を明かす。そうすると、彼はお坊さんにならざるを得ないのです

お寺に嫁いだり、婿入りするのは大変なんですよね。

まあ、「檀家《だんか》のいない観光寺」や「お手伝いさんを雇っているような経済力があるお寺」であれば、問題ないでしょう。

檀家との付き合いは、しんどいですからね。

お坊さんにとって檀家さんというのは大事な「顧客」であり、お布施をくれる「ユーザー」なのです。

どんな業界も「構造」は同じ

ということで、**あなたの業界ネタを素材としてストックしておきましょう。**

ノートの真ん中に「○○業界あるある」と書き、仕事仲間と飲み会でどんな話をするのかを書き出してみてください。

飲み会で思い出しましたが、お坊さんは、自分の近所で飲み歩くことをしません。飲みに行くなら隣の街へ行きます。

なぜなら、「檀家さんがいるかもしれないから」です。

ベロベロに酔っ払っているところを見られると信用をなくしちゃいますからね。

それくらい「檀家さん命」なのです。

坊さんの合コンや飲み会は「友引前」、通称「ともまえ」「びきまえ」が多いです。

友引には葬式がないため、お通夜がないんですよね。お通夜がないから、飲み会ができます。

また、自分で言うのもなんですが、

お坊さんの合コンは、けっこう人気です。

お坊さんと付き合ってみたい女性は意外と多いんですよね。

さまざまな業界ネタを見て感じることですが、結局、どんな業界でも「**構造は似ているな**」と思います。

たとえば昔は、古参《こさん》のお坊さんが後輩の修行僧に手をあげることが当たり前でした。

しかし、時代が変わって、そういう指導は減りました。

そして、私のような中堅のお坊さんは、下の世代からナメられることが増えたのです。

指導しなくてはいけないのに、強く叱ることができません。

この話をすると、**どの業界の人にも、「わかる！」と言われます。**

だから、あなたが同僚とグチを言っているような話も、ぜひ披露してほしいのです。

仕事のつらさを笑い飛ばそう

仕事の中で、悔しい思いをしたことはありませんか。

私はあります。

先日、檀家さんの家にお経を読みに行ったとき、玄関で4歳くらいの女の子に、「**やりたくなさそうな顔してる！**」と言われて焦りました。

小さい子は心の中を見抜くのでしょうか。

たしかに、その檀家さんはお布施が少なくて、私は「**やりたくないな〜**」と思っていたのです。

いくらお坊さんといえど、**お布施が多いほうがテンションが上がります。**

回答

お布施が多いと「長めにお経を読もう」「気持ちを込めよう」と思うもの。

お坊さんといっても、ただの人間です

こんなふうに、自虐ネタに仕上げてしまいましょう。

働いていたら、つらいことがたくさんありますから。

笑ってもらって成仏させるに限ります。

坊さん軍団で飲みに行くと、決まって「なんの集まりですか?」と店員さんに言われます。そのときは、

「僕たち、高校野球が大好きなんです!」

「頭にシラミがわいて坊主にしたんです!」

と、適当なことを言います。

お坊さんだとバレても、**他の宗派のフリをしてしまいます。**

では最後に、火葬場でのあるあるを紹介しておきましょう。

回答

火葬場でよくご遺体と一緒に燃やされる写真があります。「氷川きよし」の写真です。葬儀屋さんはこう言います。「ええ、毎日のように焼かれていますよ」と

亡くなったおばあちゃんが氷川きよしさんのファンだったのでしょう。孫がそっと写真を添えてくれるんでしょうね。

氷川きよし本人も、きっと喜んでいることでしょう。

以上のように、業界ネタを仕込んでおいてください。ちょっとした自己紹介でも使えますし、他業界の人との意外な共通点も見つかるかもしれません。

素材7まとめ

「飲み会でのグチ」も日本人の大好物です。

素材8

口グセ

家で言っている言葉はネタの宝庫

「思いつき」って、意外とバカにできません。

家でハーゲンダッツを食べていたときに、

「ハーゲンダッツって、ハゲと解脱《げだつ》をくっつけたみたいで、なんかお坊さんっぽい名前だな……」

と思ったことがあります。それ以来、

「ハゲ解脱」

と、ハーゲンダッツを見るたびに、口に出してしまいます。

もう頭から離れないんですよね。

それは、69ページで見た「サーモンベイビーイクラチャーン」と同じかもしれません。

こんな思いつきでさえも、第三者からすると面白いフレーズになりえます。

お題

「つい口にしてしまう、くだらないダジャレ」選手権

回答

修行中、古参の一人部屋に新米の修行僧が呼ばれて一夜を過ごすことを、「ワンナイト南無《なむ》」と言います

「ワンナイトラブ」をもじっただけですが、**この程度のダジャレでいいんです。**

家で一人でいるときに、**「口グセみたいに言っているような言葉」**が他人にはウケます。

小林製薬からの学び

そんなダジャレを、他人の前で口にすることは、はばかれることかもしれません。

しかし、**大喜利のような場であれば、ハードルは下がります。**

気の置けない友達同士でＬＩＮＥのやりとりをするときも、そんな感じではないでしょうか。

「のどぬ～るスプレー」や「ケシミン」など、小林製薬の商品名のテンションが参考になります。「あっ、小林製薬」のＣＭでおなじみですよね。

お坊さん業界でも、お墓が倒れないようにする特殊な耐震マットがあります。

その名前は、

「倒れま先祖《せんぞ》」

ですからね。

お墓のお堅いイメージと比べて力が抜けていていいですよね。

「言いやすい」「語呂がいい」「耳に残る」……

それはネタとして強いのです。

芸人さんのリズムネタも同じでしょう。

理屈より、リズムです。

それを狙ったお題も、よく出題します。

お題

「『時すでにお寿司』みたいなこと言おう」選手権

というようなもの。この「時すでにお寿司」が、「時すでに遅し」のダジャレとして有名です。なので、それと似たようなことを考えてもらうお題です。

最優秀賞

さだすでにまさし

というのが私の好きな回答です。

「どういうこっちゃねん。そりゃ、さだはすでにまさしやろ！」と、思わずつっこみたくなります。

「遅し」から「まさし」を連想して、「さだまさし」にして、「さだすでにまさし」。誰かが「時すでに遅し」と言ったら、つい言い返してみたくなる言葉です。

「さだすでにまさし」

うん、何度口に出しても素晴らしい。

考えても出てこない領域

このように、

「家で一人で口にするもの」

「家族や友達だけに言うギャグ」

の中に、意外と大ブレイクする言葉が眠っているのだろうなと思うのです。

ただ、難しいもので、こういうものは考えても出てくるわけではありません。

料理を作っていたり、シャワーを浴びているときに、ふと口から飛び出るものです。

この先、**もしそんなフレーズを思い出したら、必ずメモしておきましょう。**

「(座りながら)よっこいしょういち!」

「(外が寒くて)寒エル・エルジャクソンだね」

「(風呂に入るとき)さて、入浴・タイムズ・スクエアだ」

ぜひ、それらを吐き出してください。

さらしてみると、意外とウケるものが隠れているはずです。

そこに陽を当てたいですね。

ちなみに、この本を作っている編集者の人は、「ゲラ」という業界用語をよく使うそうです。

ゲラを手にしたとき、中森明菜の「DESIRE―情熱―」の替え歌で「ゲラゲラゲラ、パーティーなーう」と口にするらしいです。くだらなくていいですね。

素材8まとめ

家で言っているダジャレが「商品化」する時代です。

素材9

伝《でん》聞《ぶん》

他者の強烈なエピソードを覚えておく

ここまで、あなた自身の体験をベースに、大喜利のネタになる素材を出す方法を述べてきました。

そうはいっても、**自分の頭の中では限界があります。**

そんなときに役立つのが、「他者の強烈なエピソード」です。

たとえば、あなたは「日本史」に興味がありますか。

私はありません。

ただ、歴史上の人物のエピソードは記憶に残ります。
それが「破天荒《はてんこう》」であればあるほど、人に話したくなるものです。
菊池寛《きくちかん》という人は、ネタの宝庫です。

お題

「菊池寛のやばいエピソード」選手権

回答

「ギャンブルは、絶対使っちゃいけない金に手に付けてからが本当の勝負だ」という名言がある

繰り返す浮気に耐えかね、離婚を切り出した奥さんに、「すまん。60歳になったら真面目になる」と言ったが、59歳で亡くなった

さすが、文藝春秋という会社を作っただけあります。

彼のようなエネルギーが現代の「文春砲」につながっているのでしょう。
自分のような人間を大衆に晒すことで、お金を稼いでいますからね。
できれば、敵に回したくないものです。

「やばい人」をもっと調べよう

菊池寛のように、一度聞いたら忘れないエピソードを持つ人物を数人は押さえておきましょう。

「この話、知ってる？」と、雑談でもネタに困りません。

『一握《いちあく》の砂』で有名な歌人・石川啄木《たくぼく》は、どうしようもない性格として有名です。散々、借金をした挙句、次のような歌を詠みました。

「一度でも我に頭を下げさせし
人みな死ねと
いのりてしこと」

どうやら「一度でも自分に頭を下げさせた人は、全員、死ねと祈った」という意味のようです。

まさに「素材5 うすうす」の技ですね。

心の声がダダ漏れで、いいエピソードだなと思います。

また、日本で最初の総理大臣・伊藤博文《ひろぶみ》は、ひどい女遊びの逸話で溢れています。芸者を馬車に乗せて、一晩中、道を走らせて、車内で遊んでいたそうです。ネット上では、これが**日本初の「カーセックス」**とイジられています。

まあ、もっと前の時代からあったでしょうが、**文献に残っているので仕方ありませんよね。**

22ページでは「ガンジーでも助走をつけて殴るレベル」という言葉を紹介しましたが、実際のガンジーも、裏では奥さんへのDVがあったそうです。

真意のほどはわかりませんが、

「裏ではこんな人だった！」
「じつは、こんな一面がある！」

ということは、古今東西ネタになります。

どんなに技術が進歩しても、**芸能ゴシップはなくならない**かもしれませんね。

「ことわざ」のように使う

世の中、何が名言になるかわかりません。

「はじめに」で述べた「バキバキ童貞さん」のように、言葉だけが切り取られて、一人歩きすることがあります。

ひろゆきの「それってあなたの感想ですよね」

アンミカの「白って200色あんねん」

これらは、**テレビ番組でポロッと言い放っただけの言葉です。**

それがテロップで表示されて、そのスクショがネットで出回り、名言と化します。

そこに本人の狙いはないんですよね。

ギャンブルYouTuberの寺井一択さんの言葉がスクショになったことがあります。

そこで語られた名言は、

「女性が言う『ずっと大好きだよ』なんか、
パチンコの『チャンスだ！』くらいの信頼度」

というもの。多くの人の共感を生みました。
一人歩きする言葉は、それだけ多くの人の心に響く可能性があります。

それが時代を経て残り続ければ、
「ことわざ」へと昇格するのかもしれません。

なんでもいいので「ことわざ」を思い出してみてください。

「一石二鳥」「豚に真珠」「犬も歩けば棒に当たる」……

これらには特徴があります。

・共感する教えがある
・一度聞いたら忘れない

・誰が言ったかは問題ではない
・とにかく人に言いたくなる

というものですよね。

なので、私たちも、現代に残っている言葉を大喜利の回答として使い回していけばいいと思います。

それにより、**人は死に行き、言葉だけが生き残るわけです。**

素材9まとめ

ヤバい人の話は、1000年後にも残っているかも。

素材10

妄想

ぼーっと考えるのはスキルだ

最後の素材は、ややハードルが高いかもしれません。

それは、「妄想」です。

好きな人は、好き。でも、大人になると、どんどんできなくなるもの。

それが、「**とりとめのない空想を続けること**」でしょう。

・いつまでも考え方が若い人

・つねにネタが新鮮で面白い芸人さん

彼らは、「妄想」の天才です。

だからこそ、一般の人にもやってみてほしいのです。


「仕事から離れ、家事や育児から離れ、確定申告や健康診断のことを忘れ、自分だけの妄想にひたってニヤニヤする」


そんな時間を5分でもいいから、人生に取り戻してみましょう。

子どもの頃であれば、通学時間や授業中に、「**無限の想像力**」でおこなっていたことです。それが受験や就活によってどんどん邪魔され、妄想の時間はムダだとされ、徐々に失われていく……。

私も世間的にはオジサンと呼ばれる年齢かもしれません。

しかし、こうやってお題を出して、面白い回答に触れることで、妄想に対しての憧れを刺激として受け取っています。次のような、妄想を誘うお題も出します。

お題

「理系男子が『点P』に乗って通学するなら

「文系男子は何に乗って通学しているか」選手権

最優秀賞

レ点

秀逸な回答です。**これを見るために大喜利を出しているのかもしれません。**

非モテの力を思い出す

モテない人は妄想が得意です。

「**彼氏・彼女がいたら、こんなことやりたいな〜**」

ということを、いつまでも考え続けることができるからです。

その力を使いましょう。

〈お題〉

「バレンタインチョコもらった気分になれる方法」選手権

最優秀賞

コンビニでチョコを買い、「袋いりません」とレジの女の子に告げてください。ほら奇跡が！

まさに非モテの力が発揮された回答です。

「**袋をもらわない**」という点ではＳＤＧｓでもあります。

優秀な回答ですね。

〈お題〉

「クリスマスを一人で過ごす言い訳で『リア充のカップル達のために夜景を作っている』を上回る切ない言い訳」選手権

最優秀賞

うちの地元、
まだキリスト教が伝来してないんだ

非モテが一生懸命に言い訳を捻り出したような回答ですね。

これも、「クリスマス」というお題の言葉から、まず「キリスト教」を連想するところから妄想がはじまっていますよね。

高齢の住職賞

七面鳥の通夜があるので

という回答も、深みがあります。お坊さんが使う言い訳として最適です。

妄想というのは、何をしてもいい。

ウソをついてもいいし、犯罪をおかしてもいい。

悲劇のヒロインにも、勇敢なヒーローにもなれるわけです。

その妄想の時間を取り戻すためには、

「スマホの電源をオフにしてぼーっとする」

ということしかありません。

いますぐ0円でできることです。

それなのに、現代の情報社会では、もっとも難しいことなのかもしれません。

移動時間やお風呂の時間などに、ぜひ大喜利のお題を1つ選んで、「妄想」の時間にあててみてください。

素材10 まとめ

妄想では何でも許されます。妄想では。

最後に、「1章のおさらい」をしておきましょう。

大喜利脳で生きるためには、日頃からのネタの「ストック」が欠かせません。

日常的に大喜利に取り組むことによって、「**素材**」を脳内の「手前」に置いておく。

だから、パッと面白いことが言えるわけです。

じつは1章の「素材1〜10」は、3つのアプローチに分けることができます。

①「怒り」
②「悲しみ」
③「リラックス」

です。「素材1フラット」では「フラットなモード」で大喜利に取り組むことを説きましたが、「素材1〜10」の日頃の素材集めは、この3つの感情に沿っておこないましょう。

①「怒り」

怒りでイラッとした瞬間って、誰にでもあると思うんですよね。

そのときは、「素材2 擬人化」「素材5 うすうす」「素材7 業界ネタ」のネタになるチャンスです。

さあ、服屋の店員さんが、

「それ、私も持ってるんです〜」

と言ってきたことを思い出してください。

「わざわざご報告ありがとうございます」（素材2の「失礼な人モード」）

と、「失礼な人モード」が発動しますよね。

インスタを開くと、インフルエンサーたちの生活が見えてきます。

「こんなにブランド物持ってるけど、何で稼いでるの？」

「顔、変わりすぎじゃね？」（素材5の「いじわるモード」）

この調子です。

もしくは、同僚と飲みに行ったとき、どんな会話をしましたか。

「上司からの『私にできたんだから、あなたもできるはず！』って言葉がウザかったんだよね〜」

「論点すり替えすぎだよね〜」（素材7の「業界ネタ」）

こんな会話も、冷静にまとめれば共感の嵐になります。

そうやって「**怒り**」の感情を「**素材**」としてストックしておきましょう。

②「悲しみ」

どんなに平気な顔をしていても、どんな人にも悲しかった出来事はあるでしょう。

それを掘り起こし、気持ちの整理ができると、「素材3 自虐」「素材4 苦手」「素材6 あるある」に変えられます。

自分と向き合って、自己理解しましょう。

「相手の目を見て話すことができないんです。だから、鼻先とか口元

とか眉間とかを見て会話しているんですよね～」（素材3の「自虐モード」、素材4の「実体験」）

ということを、リアルに正直に吐き出してみるのです。

また、実家に帰ったら、ぜひ卒業アルバムを開いてください。「悲しいことがあると、開く皮の表紙」と言いますし。

「あの子、授業参観の作文発表会で、私の悪口言ってたな……」（素材6の「ある一日」）

そんな悲しいエピソードが蘇るかもしれません。

というように、**「悲しみ」**の感情整理をしつつ、**「素材」**としてストックです。

③「リラックス」

最後はリラックスです。

待つ姿勢も求められます。

「素材8　口グセ」「素材9　伝聞」「素材10　妄想」は、ある瞬間に出会ったり、まとまった時間にぼーっとすることが大事なんですよね。

海外旅行から帰ってきたら、時差ボケで、

「時差・ステッグマイヤー」（素材8の「家で一人で口にするもの」）

と言っているかもしれません。

それに特に意味はありません。こんなものは勢いです。

テレビをつけたら、

「織田信長って、こんなにも人を殺しているのか〜」（素材9の「やばい人」）

という話を耳にすることもあるでしょう。

M－1グランプリをぼーっと見ていて
「自分が優勝したらどうしよう」

「楽屋で上戸彩に告白されたらどうしよう」（素材10の「非モテの力」）

と考えることもあるかもしれません。

頭の中で、なんでもやっちゃってください。

その妄想を止めないようにしてください。**リラックス**して考えたこと、すべてをネタとして「**ストック**」するのです。


やはり、人間の感情は素晴らしい。

「実体験」ほど面白いものはないということですね。

第2章

大喜利の考え方

ステップ2

素材を加工する

2章では、**「素材を加工する」**について語ります。

1章で出した「素材」をネタに仕上げていく作業です。
どんなに素材がよくても、調理に失敗してしまうと意味がありません。
それと同じで、素材を

「加工する」

という工程が大事になります。
といっても、**じつは高度な技術はそんなにありません。**
奇をてらうことなく、

「一つだけひねる」

という感覚です。

笑いの基本である、

「フリとオチ」

から、たくさんのことを学びましょう。

「技術」

というのは、その方法を学んだ上で実際にやってみることで、**1つ1つを少しずつ使いこなせていくもの**です。

経営書を読んでも、みんなが社長になれるわけではないのと同じです。

いきなりすべてを完璧にやろうと思わないでください。

気になったものを、まずは1つだけを体得する気持ちで、どうぞ読み進めてください。

加工1

フリとオチ

心の準備をしてもらう

「伝え方」というものは大事です。

たとえば相手に好意を伝えるときに、やり方は3つ考えられます。

1「いきなり『好きです』と言う」

2「黙ったまま目を見つめて3秒後に、『好きです』と言う」

3「2の黙ったあと『ごめん！じつは……』と言ってから『好きです』と言う」

3つとも同じ「好きです」という言葉を使っていますが、受け取る側の嬉しさは異なるでしょう。

少し心の準備をさせる「2」もいいですし、さらにドキッとさせてギャップを生み出す「3」もいいです。

こうした前置きのことを、

「フリ」

と言います。そして「3」のようにフリを裏切る言葉を、

「オチ」

と言います。

大喜利でウケやすい回答にも、よく「フリ」が使われています。

「○○はいいけど、△△はダメ」

「○○しなよ。△△だけどね」

というフォーマットは使い勝手がいいです。

たとえば、タバコを吸ってほしくないときストレートに、

「タバコを吸うのはダメです」

と伝えても、相手は反発するでしょう。

そこで、次のように伝えてみるとどうでしょう。

「タバコ吸ってもいいよ。でも、吐《は》くのはダメね」

こうやって、フリの部分で「いいの?」と思わせて、オチとしてダメであることを伝える。すると、不思議と相手も笑ってくれて、嫌な気がしません。

タバコの例は「結局ダメなのかよ」と思われるかもしれませんが、もちろん「いい裏切り」もあります。

「きみの作るごはんはいらないよ。だって、もう僕が作ってあるからね」

こうしてフリによってギャップを付けることをクセづけましょう。

「ミスリード」させる技術

「フリ」を付けるというのは、**最初に相手を誤解させる行為です。**

なので、真面目すぎる人は苦手かもしれません。
先ほどの「タバコ吸ってもいいよ」という一言目も、厳密には「ウソ」になります。
ウソをつくことに抵抗がある人は苦手でしょう。
だからこそ、「加工」は技術なのです。意識しないとできません。
そして、大喜利はその練習の場としてふさわしいのです。
ここで、フリが効いた回答を紹介しましょう。

お題

「彼女いたことがない人しかわからないこと」選手権

最優秀賞

一つ下の彼女は、いる。次元が

最初の「一つ下の彼女は、いる」が「フリ」になっていますね。
ここで一瞬、**「年齢かな？」**と思うはずです。
そこに対して、「次元が」という「オチ」がついています。

こうやって「ミスリードさせる」のは、笑いのテクニックとしては基本中の基本です。

ちなみに、「次元」というのは、「三次元の彼女はいないが、二次元の彼女（アニメや漫画の中）はいる」という意味ですね。もちろん、

「次元が一つ下の彼女がいます」

という言い方でも回答になるのですが、それでは面白さが弱くなることがわかると思います。

最初のフリで**「年齢が一つ下なのかな？」**と勘違いさせることがポイントです。

「日常のミス」はネタになる

日本語は難しいですよね。たとえば、

上司「なんで行ったんだ！」
部下「タクシーです」
上司「手段じゃない！　なんで勝手に行ったんだって意味だよ！」

というやりとりは、漫才では基本のテクニックです。
ミステリー映画でも、観客に対して「犯人っぽい人」をわかりやすく描きつつ、まったく予期していない人が犯人だったときに、**「そうなのか！」「これは面白い！」**と感情が動きますよね。

相手に心の準備をさせつつ、それをオチで裏切る。

そんなシンプルな法則を、ぜひマスターしましょう。
日常生活でも、先ほどのようなコミュニケーションのエラーはあると思います。
たとえば、お正月の義実家で、

姑「(餅の数は)いくつですか?」
嫁「(年齢は)28です」
姑「あら、ずいぶんとお食べになるのね?」
嫁「(しまった……)」

というような気まずい失敗があるかもしれません。

それって、じつはネタになる瞬間なんですよね。

言い間違い、聞き間違い、勘違い……。

その場では恥ずかしいことかもしれませんが、脳内で「ネタになる!」と思ってみてください。

「**日本語って難しいですよね~**」とフォローしながら、スマホにメモしておきましょう。

いつか使えるときがきますから。

「フリ」は多すぎるとウザい

さて、「フリ」については、一つだけ注意点があります。

「多用するな！」です。

それは、ここぞというときに使うから効果的だということです。

たしかに会話がつまらない人は、フリがない。かといってフリが多すぎる人は、会話がウザいです。

フリは一瞬だけ相手を不安にさせる行為なので、**いちいちフリを入れると、聞いているほうが疲れるんですよね。**

「フリ」というものに敏感になると、そんなコミュニケーションパターンも見えてきます。

加工1まとめ

フリという「ウソ」は、スパイスみたいなものですね。

加工2

緊張感

怖いと笑いは紙一重

以前、部下に説教している人を喫茶店で見かけました。

「いつになったら本気になれるんだよ」

と言い放って、重たくなった空気の中で、部下のスマホが、

「よく聞き取れません。もう一度、ゆっくり話してください」

と反応して、周囲で笑いが起こりました。

この威力たるや、ハンパないです。

こういった「緊張感」は、先ほどの「フリ」と同じ構造ですが、さらに緊迫させて有効な手です。「フリ」を基本に、いくつか加工の技を見ていきましょう。

「不謹慎」と「笑い」の関係

笑ってはいけない状況では、笑いが起こりやすいです。

教会や墓地、高級レストランなどでは、笑ってはいけない神聖な雰囲気があります。

私は坊主として「お寺」という場で働いていますが、そこにも厳粛な空気が流れています。


そんなお寺で、笑いをこらえられない光景があります。

それは、「お寺でルンバが暴走するシーン」です。

ぜひ、想像してみてください。

・墨を乾かしている卒塔婆《そとうば》をなぎ倒しながら掃除するルンバ
・寺が広すぎて力尽きて戻ってこないルンバ
・法事中になぜか動き出して本堂を横切るルンバ

そのようなシュールな光景を私は実際に見てきました。もちろん笑いをこらえながら。

特に法事中にルンバが動き出したときは完全に「**笑ってはいけない**」状態になります。

このご時世、**「機械に任せてはいけないこと」「人工知能の限界とは」**などを考えることが多いですが、そういう話題のときには、このルンバの話を思い出します。

ちなみに、お寺というと雑巾掛けをしているイメージがあるかもしれませんが、結構、ルンバが使われています。

ラクをしたい煩悩があるのは、お坊さんも同じなのですね。

ということで、ピリッとした空気でパンパンにしておくと、ちょっとしたことでも面白く感じてしまいます。

風船を膨らませて、針を刺す。それと同じです。

「ウチの男子校の校則は厳しいんです。

なぜなら……。

掘ったら退学、掘られたら停学だから」

これは本当にある学校の話だそうですが、真偽は定かではありません。

「厳しい校則」という話で緊張感を出して、「掘る・掘らない（意味がわからない人は調べてください）」の話題でオチをつける。こうしたテクニックを身につけましょう。

「恐怖」と「笑い」は紙一重

芸人さんのネタでも**「客が引く」**という場面を見かけると思います。

これは、「恐怖」と「笑い」が紙一重だから起こります。

ホラー映画を見に行ったら、作りが粗すぎてまったく怖くないことがあります。するると、脳内で**「そんなこと起こらないよ！」「ぜんぜん怖くないよ！」**と、ツッコミが止まらなくなり、笑いが我慢できなくなります。

お葬式で笑いが我慢できなくなる原理と同じですね。

「死」を感じさせる、秀逸な大喜利の回答があります。

お題

「ケーキ屋で働いてる人しかわからないこと」選手権

最優秀賞

100歳のバースデーケーキの予約が、当日キャンセルになった

この回答は、すべてを言い切っていないところが評価が高いです。
「死」を想像させているわけですが、それを言い切っていない。
これで伝わらない人に、わざわざ説明する必要はないですからね。
たとえば、「農業高校」では、理想と現実ですごくギャップがあるらしいです。
「理想の農業高校は、育てた『牛』を生徒と先生が涙ながらに手放すイメージが

あります。しかし、現実の農業高校では先生が『牛』を高く売って生徒たちと焼肉を食べにいくらしいです」

「理想の農業高校」が、完全にフリになっています。

動物の死と感動を想像させておいて、その後のオチで現実を突きつける。

完璧な「**緊張と緩和**」ですね。

このように、やや不謹慎なことでも、うまくフリを使ってみましょう。

加工2まとめ

張り詰めた空気のあとは、なんでも面白くなるのかも。

加工3

逆張り

いったん逆に置き換える

便利な伝え方のひとつに「強引に2つに分ける」というものがあります。

「世の中は、2種類の人に分かれます」
「いいニュースと悪いニュースがあります」
「選択肢は2つ」……

というように、最初に2つ並べることで、相手の期待感を煽《あお》ることができます。

「世の中には、2種類の人がいる。

忙しい人とヒマな人。
そして、忙しい人ほど返信が早く、ヒマな人ほど返信が遅い」

そんな名言のような言い方です。

どんな物事にも、表と裏があります。メリットもデメリットもあります。だから、**見ようと思えば、どんなものでも「逆」を見ることは可能です。**

「加工1〜2」に引き続き、フリのテクニックを学んでいきましょう。

「前置き」の一言

話を切り替える方法は、案外ウケやすくなります。

「ぜんぜん話変わるけど……」
「ところで……」

という言葉を前に持ってくることで、グッと相手を引き込みます。

たとえば、男女でいいムードになったとしましょう。

「ところで、オレたち付き合わない？」みたいなセリフを相手に期待させておいて、一気に冷めることを言ってみましょう。


「ところで……。投資とか興味ない？」


と切り出すのです。

恋愛と真逆にあるのが、お金の話ですからね。

期待させて裏切る。フリとオチです。

この方法は、簡単にインパクトを生み出せます。それを逆手にとりましょう。

大喜利脳になると、反射的に逆を考えるクセがつきます。

人が見ていないところを見る力であり、**芸人さんが角度をつけたコメントを言える秘密もここにあります。**

「対義語」を考えてみる

私がよく出すお題に、「対義語選手権」というものがあります。

対義語というのは「**過去**」と「**未来**」、「**攻め**」と「**守り**」のように、相対する言葉です。

この発想法は、かなり使えます。

まずはお題で練習してみましょう。

お題

『いきなり！ステーキ』の対義語」選手権

このお題はかなり好評で、1000〜2000個の回答が来ます。

私の大喜利では、平均が500個くらいの回答数なので、おそらく考えやすいお題なのでしょう。

「いきなり」の対義語は、「いまさら」「満を持して」など、辞書を見れば出てくるでしょう。

そして、「ステーキ」も、「焼いていないからユッケ」「肉ではないからサラダ」というように、考えなくても出てきます。
それらを組み合わせると、

「いまさらユッケ」
「満を持してサラダ」

となります。これでも十分に回答となりえますね。
ちなみに、このお題でもっとも秀逸な回答だったのが、

最優秀賞
まだ牛

でした。
幼稚園児が何も考えずに純粋な回答をしたような感じがあります。
ほっこりします。ひねくれていない。

あまり長く説明せずに、たった三文字に集約している点もポイントが高いです。

このお題では「対義語」というルールにしていましたが、そうではない場面でも、

「この対義語はなんだろう？」

という目線で考えてみると、いい回答が出てきます。

82ページの「相田みつを」のお題を考えてみましょう。

〈お題〉

「相田みつをが言わなそうな言葉」選手権

「相田みつを」から連想するのは、「優しい言葉」ですね。

その逆を考えると、「厳しい言葉」。

そこから「ブラック企業の名言」などが考えられます。

回答

サービス残業でもいいじゃないか。正社員だもの

対義語という加工によって、こういった視点を持つことができるのです。

「逆の立場」から言い返そう

私の好きな言い回しに、

「便所でタバコ吸うな。喫煙所でウンコするぞ」

というものがあります。

うまい返し文句だと思います。このように、

「逆の立場に置き換える」

というテクニックがあります。

〈お題〉

「『便所でタバコ吸うな。喫煙所でウンコするぞ』みたいなこと言おう」選手権

最優秀賞

体育で座学するな。
保健で実技するぞ

体育の授業は、小学校や中学校の男子にとっては、ご褒美のような時間です。その気持ちを代弁した名言になっていますよね。

見事に言い返しています。

これが、「**逆の立場**」になって考えてみるということです。

男女を逆にしてみる。

関東と関西。大人と子ども。タワマン女子と子ども部屋オジサン。

逆にすることは、いくらでも見つかります。

〈お題〉

「女性がトイレに行くことを『お花を摘《つ》みに行く』と言いますが、その男性バージョン」選手権

最優秀賞

象さん出してくる

まあ、下ネタですが、花と象のほんわかさが効いていますね。

ネガティブをポジティブに変える

世の中、マイナスな言葉はたくさんあります。

不謹慎《ふきんしん》な表現をなくしていく動きがありますし、放送禁止の言葉も多い。クレームや炎上を恐れていますからね。

そんな世の中をよくするのは、「言い換え」です。

たとえば、次のようなお題を出しました。

お題

「老人ホームという呼び方が不謹慎らしいので別の呼び方」選手権

これは、実際に話題になったことをもとにお題を考えました。
そこでのベストアンサーは、

最優秀賞

シルバニアファミリー

です。いいですね。
造語として考えているわけではなく、**すでにあるものを持ってきています。**

こういう発想ができると、最高です。

造語はセンスを問われますが、**すでにあるものは、その必要がありません。**

「シルバニア」は、ラテン語で「森の土地」という意味で、高齢者を表す「シルバー」とは、本当は違います。

でも、**面白さに必要なのは、「勢い」なんですよね。**

あとで調べて、違う意味に気づくのは、まあいいと思います。

ただ、回答を見た瞬間に、「いや、その意味は違うんじゃない？」と真面目に考える人は、笑えません。


想像してみてください。

おじいちゃんが老人ホームに入居したときに、孫が明るく、

「おじいちゃんがシルバニアファミリーに入った！」

と送り出してくれるシーンを。

微笑ましいじゃないですか。みんなほっこりします。

人間は、赤ちゃんから大人を経て、老いていく。そしてまた赤ちゃんに戻る。

子どもの頃に遊んだシルバニアファミリーに、老人になってから帰ってくる。
そんな妄想が止まらなくなりますね。
似た傾向のベストアンサーがもう一つあります。

最優秀賞

ファイナルファンタジー

老人と真逆の若者の世界観から持ってきた言葉です。
いかなるときも、「逆に見るクセ」をつけましょう。

加工3まとめ

ひねくれている人は、大喜利が強いのです。

加工4

過剰

あえて仰々しい言葉を使う

「伝え方」の次は「語彙力《ごい》」です。

同じことを言っていても、語彙力の差でウケ具合は変わります。

たとえば、喫茶店で隣の席に、マッチングアプリで初めて会った二人がいるとしましょう。言葉を選んで探り探りの会話をしています。

その光景を見て、

「お互いが遠慮していますね」

と言うより、

「おっと、二人の『心理戦』になっていますね」

と言ったほうが面白い。

このニュアンスがわかりますかね。

「心理戦」というような、**あえて大袈裟《おおげさ》な言葉を使うと、面白い雰囲気が出ます。**

本人たちから、「**心理戦なんて言いすぎですよ！**」と訂正されるくらいが、ちょうど面白いんですよね。

ゲーム的な語彙を使う

感覚的ではありますが、「仰々しい語彙」に言い換えてみましょう。

ゲーム的で、戦争やスポーツに使うような語彙が役に立ちます。

「デザートの取り合いですね」──→「スイーツ大戦争ですね」

「妻にお願いされました」──→「妻からルールが発動されました」

「みんなが応援してくれました」──→「あれが私の支持母体です」

「僕より優秀ですね」──→「僕の上位互換だ……」

いかがでしょうか。おそらく大袈裟なほど面白さが出ていると思います。
このように仰々しい言葉を使った、いい例を見てみましょう。

〈お題〉

「30歳になった人しかわからないこと」選手権

回答

結婚してるか、出世してるか、
家でも建ててないと、
親戚どうしの集まりで人権を失う

ここでのポイントは、ラストの「人権を失う」という言い方です。

ここが笑いどころになります。

ためしに、最後を「**居場所がない**」「**後ろめたい**」と言い換えてみてください。きっと、笑いは少なくなるはずです。語気を強めて最後に「人権を失う」と言う。

フリとオチの話と同じで、

後ろにいくほど重きを置くのがポイントです。

最初から仰々しい言葉を入れすぎると、効果は薄くなります。


ここで、お坊さんあるあるをひとつ言っておきましょうか。

「大きな寺のお坊さんは、嫉妬の意味を込めて、『袈裟を着た不動産屋』と呼ばれる」

広大な土地を持ったお坊さんは、それくらい金持ちです。

悔しいですが、仕方ないですね。こうやって面白く言い換えてしまいましょう。

お気に入りフレーズを集めておく

大袈裟な言葉を聞いたとき、それをメモしておくといいでしょう。

たとえば、関西人が言う「**お茶をしばく**」って、いいフレーズだと思うんですよね。

関西で「お茶する（喫茶店に行く）」という意味をあらわす言い方です。

「しばく」という言い回しが独特で、私にはグッときます。

それをうまく使った回答があります。

お題

「女性がトイレに行くことを『お花を摘みに行く』と言いますが、他の言い方はありますか？」選手権

最優秀賞

うちは「チューリップしばいてくる」って言います

「しばく」には「叩く」という意味もあるので、それをイメージさせて、チューリップを叩いたり殴ったりしている絵も浮かびます。

チューリップに恨みがある感じがしていい。

「お花を摘む」の表現も生かしているのがポイント高いです。

それに似た意味で、「カタカナ語」も使えます。

たとえば、オタクあるあるとして有名なのが、「オタクは早口である」ということで、これには誰もが納得です。

「じゃあ、なぜ早口なのか？」

ここに、新たな切り口が宿ります。

あるオタクが言うには、

「**相手に伝えるのではなく、自分のためにしゃべっているんですよね**」

とのことでした。

これはいい素材です。

ここで「加工」の出番です。カタカナ語を使ってみましょう。

「会話をしているのではありません。そもそも相手に伝える気がないんです。だから早口になる。『知識のアウトプット』をしているだけです」

というように、カタカナ語を効果的に使うと、ただのあるあるではない面白さが出ます。


「インプット」「フィードバック」

「エビデンス」「ディテール」

「コンセプト」「ファイナルアンサー」……


これくらいのレベルであれば、あえて使ったほうが面白くなりやすいです。

日常会話でカタカナ語を連発する人は、かなりイタい人です。

しかし、こうやって、**あえて部分的に使うことができると、効果的です。**

怪しい商品を見て、

「これって、エビデンスがあるんだろうか？」

と、つぶやいてみる。

ダサい人を見つけて、

「どういうコンセプトだろう？」

と問う。

ぜひ、やってみましょう。そして、もし勇気があるなら、相手に直接言ってみてください。**きっと嫌われますから。**

加工4まとめ

話を少し盛るのも、ある意味イノヴェーション。

加工5

比《ひ》喩《ゆ》

何に似ているかを表現する

語彙力に並んで有効な加工が「比喩」です。
何かにたとえる方法を知っておくと、さまざまなシーンで使えます。
特に、「副詞＋形容詞」によって、レベル感を伝えるときに、比喩は役に立ちます。

「めちゃくちゃ美味しい」
「ちょっとだけ悲しい」
「地味にウザい」……

これらは、**主観で相手に感覚を伝える表現です。**
こういう瞬間に、オリジナルな伝え方ができると、相手の印象に残ります。

「どれくらい○○だった？」

「どういう気持ちだった？」

という質問が来たら、大喜利のチャンスです。

比喩を用いて伝えるようにしてみましょう。

映像が見えるように伝えよう

22ページでも紹介したように、

「ガンジーでも助走つけて殴るレベル」

という、私の好きな表現があります。これも比喩ですね。

誰もが知っている非暴力の象徴のガンジーを使って、「彼をも怒らせるほどひどいこと」を言い表しています。

そこで私は、このよさを伝え続けるために、定期的に次のようなお題を出しています。

お題

「『ガンジーでも助走つけて殴るレベル』みたいなこと言おう」選手権

ひとりマジカルバナナによって、「ガンジーのようなもの」を連想していきましょう。

「与謝野晶子《よさのあきこ》」「千手観音《せんじゅかんのん》」「笠地蔵」……

いずれも、暴力を嫌い、平和を好む印象ですよね。

それらを怒らせれば、回答のできあがりです。

回答

与謝野晶子でも『君死にたまへ』って言うレベル

千手観音が全力で中指を立てるレベル
笠地蔵に集団暴行させるレベル

この中でも、千手観音は、絵になるから面白いですね。
もちろん言葉だけでも面白いですが、**イラストが描けると、より伝わります。**
笠地蔵は、無言で何重にもなってのしかかっている感じですね。
どれも誰もが知っている人物や昔話なので、ポイントが高いです。

比喩が「目的」にならないように

一つ注意してほしいのは、**例えることが目的にならないようにすることです。**

回答

杉《すぎ》原《はら》千《ち》畝《うね》にビザを燃やされるレベル

これは、教養がある相手にしか伝わりません。

杉原千畝は、第二次世界大戦中にユダヤ人にビザを発行してポーランドに逃した人です。

ただ知識をひけらかすように例えを使ってしまうと、嫌なやつに成り下がってしまいます。

使う相手にも気をつけましょう。

もし、バッチリの比喩が出てこないときには、お題の意味を広げてしまう方法もあります。

「ガンジーのように優しい人が怒る」という趣旨から、**「滅多に起こらないことが起こってしまう」**というように広く捉えてみましょう。

回答

チリが東西に分裂するレベル

チリは、縦長の国です。

南北に分かれることは起こりえそうですが、東西はありえないですよね。

「こんなことは起こらないだろうな～」ということを「素材10　妄想」で考えておきましょう。ストックしておくと、とっさに使えます。

回答

真矢ミキでも諦めるレベル
林修が「あとでいいよ」と言うレベル

これは、有名人のCMのフレーズ「諦めないで」「今でしょ！」を使ったパターンです。

芸人さんにとっては安易な笑いの取り方かもしれませんが、**一般人には十分に使えるネタです。**

ただ、「ガンジーでも助走つけて殴るレベル」のような、というお題なので、「**助走つけて**」を補えるかどうかもポイントになります。

そういう意味では、「**全力で中指**」「**集団暴行**」と、その勢いを伝えてくれている回答のほうがベターだと思います。

「加工4 過剰」の「仰々しい言葉」を、ここでも発揮していますね。

「知らないもの」へのアンテナを立てよう

昭和や平成であれば、「**みんな知っている芸能人**」「**みんな知っているCM**」というものがありました。

流行語大賞にもピンときたし、好きな有名人ランキングも知っている人ばかりでした。

しかし、いまはネットの登場とテレビ離れによって世間は分断されました。

比喩に使える素材は減っているかもしれません。

だからこそ、「その人は知らない」「その言葉は知らない」というものに出合ったときに、ちゃんと調べていることが大事です。

「そんなの知らねーよ」と世界を閉じないようにしましょう。

単語とキャラクターだけでも知っておくと、雑談にも困りません。

そのアンテナを立てておくのにも、大喜利は役に立つはずです。

加工5まとめ

「独特な例え」って、記憶に残りますよね。

加工6

Wミーニング

2つの意味をかけてみる

芸人さんがやる芸に「謎かけ」というものがあります。

「『ちいかわ』とかけまして、
『小川さん』と説く。その心は、
どちらも『小さい川』の略です」

このように、1つの言葉（小さい川）に、2つの意味（ちいかわと小川）が込められていると、人は思わず感心してしまいます。
これを「Wミーニング」と言います。

以前、日本郵便が、遺骨をゆうパックで送る「送骨」というサービスをはじめたことがあります。それを見て一言。

「『ツボをおさえてコツをつかむ』とは、まさにこのことです」

「謎かけ」を即興で考えるのは、至難の業に見えると思います。

ただ、本書で勧めているように、紙に書いたりして、じっくり取り組んでみると、案外いい「Wミーニング」に気づくことができます。

「音」に注目して結びつける

英語のような外国語は、**「日本語としてどのように聞こえるか？」**を考えてみると、別の意味が見出せます。

お題

「英語がガチでできない人しかわからないこと」選手権

最優秀賞

「No Smoking」を見て、横綱がいないのかと思った

「No Smoking」は、タバコを吸ってはいけないエリアでよく見る言葉ですが、その「スモーキング」を「すもうキング」、つまり「横綱」と連想しています。

ムダがなくて短くて秀逸な回答です。

同じように3つ以上の意味がかかっているのが、69ページの「サーモンベイビーイクラチャーン」でした。**ここまでいけば神レベルです。**

3つの意味が重なるのは、運が求められるかもしれません。

しかし、**2つであれば、目指そうと思えば目指せます。**

「スモーキング」「相撲キング」のように、「音」に注目すれば、面白い視点が見つかります。

以前、「文化祭で『きゅうりの一本漬け』のお店を出すから、その店名をつけてほしい」という依頼がありました。

それをお題として出すと、

最優秀賞

休・緩・場（きゅうかんばー）

※きゅうりは英語でcucumber（キューカンバー）と言います

という秀逸な回答がありました。

これは英語で「キューカンバー」と言うことを補足しています。難しい知識については補足を入れるのはアリです。

口頭で説明するときには、英語っぽく発音すればいいかもしれませんね。

同じく、英語の言い換えによる回答例を見ておきましょう。

〈お題〉「口臭い人にやんわりと『臭いよ』って言う」選手権

最優秀賞

There is an issue.

※issue＝問題と異臭＝イシュー

謎かけと同じシステムですね。

「issue」と「異臭」が同じ読み方でありつつ、「問題があります」という英語でそれを伝えている。秀逸な回答です。
「issue」と「異臭」が同じ音であることを知っているかどうかがカギです。
こういう表現は日頃から集めておきましょう。

〈お題〉

「数学ができない人しかわからないこと」選手権

というお題へのベストアンサーも、

最優秀賞

考えるとmath math（ますます）わからなくなる

という回答でした。テキストならではの回答なので、口で言うときは、「**数学だけに**
math math」というふうに、

・「〇〇だけに」という言葉で補足
・英語の発音っぽさを強調する

ということをするといいでしょう。
どういうアウトプットをするのかでも、回答の仕方は変わってきます。

「逆の意味」になるとき

「加工1 フリとオチ」のように、**言い間違いや聞き間違いは、ネタになりがちです。**

たとえば、次のように「2つの意味が真逆になってしまう」という言葉があります。

〈お題〉

「目上の人の前で使っちゃいけない言葉」選手権

最優秀賞

「床屋に行きたい行きたい」と言ってた上司が休み明けスポーツ刈りになってさっぱりしていた。「あ！　アタマ　行かれたんですね！」

「行かれた」と「イカれた」のWミーニングですね。**褒めようとしているのに、悪口になってしまう。**そんなギャップが素晴らしいです。
Wミーニングを生かした次の回答も秀逸です。

〈お題〉

「幽霊だらけのサッカー大会でありがちなこと」選手権

最優秀賞

0対0（霊対霊）

「れいたいれい」という言葉が2つの違う意味で美しいですね。ダジャレであっても、こうやって文字で端的に言い表せると、なぜかオシャレに見えるから不思議です。

XやLINEのようなテキスト文化では、積極的に思い浮かんだ文字遊びを発信するようにしましょう。次第に鍛えられていくはずです。

「記号」として言葉を見る

素材を加工するにあたって、「文字を記号として見る方法」があります。

言葉の意味をそのままストレートに考えるだけではなく、その「文字」から連想してみましょう。よく、**「人という字は人と人が支え合っている」**ということが言われますが、それに近い方法です。たとえば、

「愛という字は真心（真ん中に心がある）、
恋という字は下心（下に心がある）」

という視点があります。深く考えると、別にそういうことではありません。
でも、瞬間的に納得してしまいますよね。
「だから何？」と反応したくなるようなことでも、大喜利の場では評価されます。
自分が見つけたら、人に言いたくなることもあります。
たとえば、次のような回答です。

〈お題〉

「ツイッターがXになってわかったこと」選手権

金賞

干支の「酉《とり》」が10番めであること

Ⅰ（ね）Ⅱ（うし）Ⅲ（とら）Ⅳ（う）Ⅴ（たつ）

Ⅵ（み）Ⅶ（うま）Ⅷ（ひつじ）Ⅸ（さる）Ⅹ（とり）

Ⅺ（いぬ）Ⅻ（い）

謎解きみたいですよね。

アルファベットの「X」を記号として見て、数字で十を表す「X」という記号に置き換えて、たまたま発見したのだと思います。
紙に書いて、順番に考えていけば、おのずと見つかる。
地道に調べた人の勝利ですね。

「ダジャレ」が武器になる

「ダジャレ」と言ってしまうと「つまらない」という印象があるかもしれません。
しかし、大喜利としての回答であれば、ダジャレはウケやすくなるから不思議です。

〈お題〉
「横浜の人が『神奈川出身』と言わずに『横浜です』と言い切る現象に名前をつけよう」選手権

最優秀賞

横浜DNA

プロ野球の「横浜DeNA」を生かした秀逸な回答です。
このように、「同じ読み方だけど、意味が違う言葉」は、日頃からストックしておいて損はありませんね。

「マウントをとる」と「山のマウント」
「注射する」と「駐車する」
「次男です」と「痔なんです」
「サイドチェスト（棚）」と「サイドチェスト（ボディビル用語）」

ということで、

ダジャレを再評価して、加工の技術として取り入れましょう。

ちなみに、私が大好きなダジャレは、

「看護師の股間ゴシゴシ」

です。時代の流れを受けて、看護婦から看護師へと表現が変わりましたが、それによって、このダジャレが生み出されたという見方もできます。

そう考えると、感慨深いですよね。

お題

「アイドルはいつ屁をこいているか」選手権

最優秀賞

365日の紙屁コーキ

という、アイドルの曲をもじったダジャレ回答も秀逸です。
普段の会話でダジャレを言うことは少ないかもしれません。
ただ、大喜利の場では、ダジャレでも優秀な回答になるので不思議です。
お坊さん界隈でも、

「釈迦《しゃか》釈迦《しゃか》ポテト」「仏ーキ（ホットケーキ）」「カップアーメン」（キリスト教）
「神社エール」（神道）「生クリ仏（生クリーム）」

など、ダジャレはたくさんあります。
親父ギャグがサムいのは、間とタイミングが悪いのでしょう。どうしてもダジャレがスベる人は、次に紹介する「加工7 キャラ」に気をつけましょう。

加工6まとめ

もう一度言わせてください。
看護師の股間ゴシゴシ。

加工7

キャラ

自分のタイプを利用する

ネット上でテキストだけで大喜利に参加する場合、その人の「キャラクター」が面白さに影響することは少ないです。

ただ、実際にフリップで言葉にして出す場面や、日常会話であれば、

「その人のキャラに合っているかどうか」

が重要になります。

「お前がそれを言うな！」ってつっこみたくなるやつですね。

その現象についても学んでおきましょう。

あなたのステータスはフリになる

たとえば、次のようなお題です。

〈お題〉

「結婚しない男性の理由」選手権

このケースでは、回答者にいま彼女がいるかいないかで、ウケ具合は変わってきます。まず、「**彼女がいる場合**」の回答例です。

回答

自分を養うので精一杯だから

というように、「**結婚しない言い訳**」を言ったほうがいいですよね。
その理由が苦しければ苦しいほど面白かったりします。
次に、「**彼女がいない場合**」です。

回答

相手を何不自由なく
幸せにできるほどの自信がない

というように、「モテないことを強がる」という回答が面白く伝わります。
いわば、「キザなフリをする」ということですね。

回答

自分のことを好きでいてくれる人なんか

これは「素材3 自虐」ですが、まずまず面白いです。

ただ、本当に結婚したくてしょうがない人が、この回答をしてしまうと笑えません。

「そんなことないよ～」とまわりから同情されるようであれば、言わないほうがいいですね。

「ブラックなネタ」を言ってみる

「加工2 緊張感」でも述べたように、恐怖と笑いは紙一重です。

ウケるときもあれば、引かれちゃうときもある。

それは、あなたのキャラクターが影響するからでもあります。たとえば、

〈お題〉

「地味な仕返し」選手権

というお題を考えてみましょう。

ここでは、意地悪な回答が求められています。

そこで、次のようなブラックな回答を出してみましょう。

最優秀賞

駐車違反してる車の前輪タイヤの下に花束とお菓子とジュースを置く

もしかすると、人によっては、

「えっ、そんなこと言うキャラなの？」

と、受け取られるかもしれません。

もしくは、

「意外とブラックな一面があるんだね！」

と、笑ってもらえるかもしれません。

どう転ぶかは正直わかりませんが、チラッとブラックジョークを言ってみて、相手のリアクションを見ておくといいと思います。

ウケるなら、どんどん言ってみる。

引くようなら、スパッとやめる。

その人とどんなコミュニケーションをすればいいかの試金石になります。

「セリフ」っぽく返す

大喜利の加工テクニックとして、

「何者かになりきって、セリフっぽく返す」

という方法があります。これも諸刃《もろは》の剣です。たとえば、

〈お題〉

「『何時、何分、何秒、地球が何回まわったとき？』の秀逸な返し方」選手権

というお題があります。

いわゆる小学生の屁理屈に、どう言い返せばいいかを考えさせるお題です。

「秀逸な返し方」と言っているので、**本当に言われたことを想定してセリフっぽく返すといいでしょう。**ここでのベストアンサーは、

最優秀賞

地動説者だ。連れて行け

でした。「地球がまわった」という言葉を取り上げて、歴史をさかのぼり、中世ヨー

ロッパの自警団になりきったかのように言い返しています。

当時は、天動説が常識だったので、地動説は非国民扱いされたんですよね。

ということが、**「知識マウンティング」**によって回答に乗っかっているのもポイントが高いです。

普通に考えると、似たような屁理屈で言い返したくなりますが、さらに上の角度から**「教養」**を武器に言い返しています。

ウケたらやる、スベったらやめる

こういったセリフ口調も、テキストでは面白いですが、話し言葉では相手にとってウケる・ウケないがハッキリしてしまいます。

ちょっとオタクっぽくなってしまうデメリットがあるんですよね。

それを覚悟で言ってみるのもいいでしょう。

親父ギャグがスベってしまうことは、仕方のないことです。

ただ、親父の悪いところは、**「スベっているのに言い続ける」というスタンス**なんですよね。

知識マウンティングでも同じことが起きます。

難しい専門知識をひけらかして、目の前の若者がポカンとしているとします。すると、なぜか「そんなことも知らないの?」と言わんばかりに、話がエスカレートする人がいるんですよね。そういう人は、嫌われます。

上司や親戚にそういうタイプの人がいると面倒です。

わざわざ付き合わないといけないですからね。

大喜利のいいところは、ウケるかどうかを試せるところにあります。「質より量だ」と前述したように、思いついたことをとりあえず吐き出してみるのです。

そして、**スベったらそれを受け止めましょう。**

そうやってセンスを磨く場として大喜利を使い、あなたのキャラクターを認識してみてください。ぜひ、

「どこまで本音を言っても許されるのか」

を把握しておいてください。

世の中には、気持ち悪い発想をする人もいます。

ある女優が伊勢海老を食べているシーンへのコメントで、

「伊勢海老くん、〇〇さんのうんちになれてよかったね」

というものがあります。

着眼点がすごいですね。

変態性があり、サイコパスみのある回答です。

女性にとっては気持ち悪い発想かもしれませんが、これくらいネジが外れた回答も、キャラで許されるのならチャレンジしてほしいですね。

加工7まとめ

どうせやるなら、センスいいマウンティングを。

加工8

リズム

言いやすさは正しさを超える

人の名前も商品名も、「言いやすさ」は重要です。

回答を仕上げるにあたって、実際に口に出して読み上げてみて、「**言いやすいか**」「**つっかえないか**」をチェックするようにしてみてください。

たとえば、日本人には、俳句のリズムが染み付いていますよね。

「**5・7・5」の文章は、気持ちよく感じてしまいます。**

最後が「4」や「6」になると、気持ち悪い。

お題

「なぜかフルネームで呼んじゃう人」選手権

というお題を出すと、次のように、「5文字」の人ばかりが出てきます。


「菅田将暉《すだまさき》」「武豊《たけゆたか》」「さだまさし」

「和田アキ子」「研《けん》ナオコ」「志村けん」

「ムロツヨシ」「樹木希林《ききりん》」「平井堅《けん》」……


「苗字が2文字で名前が3文字（あるいはその逆）」が言いやすい。

あるいは、「7文字」の、

「橋本環奈《かんな》」

もです。

このように、言葉のリズムが私たちには刷り込まれているのです。

「韻を踏むだけ」で感心される

「加工6 Wミーニング」と同じで、簡単に人が感心してしまう表現があります。

それが「韻《いん》を踏む」ということです。

独特な言葉で韻を踏んで、「**〇〇みたいに言うな**」というツッコミをすると、わりと笑いを取りやすい。


「『つらたん』って、『シャコタン』みたいに言うな！」

「『意味変～』って、『しみけん』みたいに言うな！」

「『散髪した』って、『三発した』のイントネーションみたいに言うな！」


このような要領です。すみません、3つ目は言いたかっただけです。

「韻を踏む」ということの練習をしてみましょう。

「Chu！（ちゅ）可愛くてごめん」という歌の歌詞を知っているでしょうか。

これに似た言葉を言ってみましょう。

ポイントは、「**ちゅ！**」と「**ごめん**」です。

それぞれで「韻を踏む言葉」をたくさん「素材」として出しましょう。

「ウッ！」「注！」「抽！」……

「ご縁」「誤嚥《ごえん》」「五円」……

実際に口に出したり、歌ったり、スマホの漢字変換を使ったりして、近しい言葉をたくさん出しましょう。

あとは、意味が通じるように整えると、回答に仕上がります。


〈お題〉

「『ちゅ！　可愛くてごめん』みたいなこと言おう」選手権

最優秀賞

ぴっ！　レジ袋五円

入選

抽《ちゅう》！　この部首はてへん

このように、**うまく元の歌詞を残したほうが面白さは増します。**

だからポイントは「韻を踏むこと」なんですよね。

まずは似た言葉を探し、そして加工する。

この順番です。

替え歌のクセを残しておこう

小学生の頃、CMを替え歌にする人は多かったはずです。

特に男子がやることでしょうかね。

「車を売るならビッグモーター♪」のＣＭソングが「車を壊してバレてモーター♪」にいじられてしまったように、これくらいのレベルでも大喜利としてはいい回答です。

空耳でもかまいませんので、替え歌でどんどん連想させましょう。

「タモリ倶楽部」の人気コーナー「空耳アワー」がなくなったいま、**そのネタを消化すべき場所は、私の坊主大喜利のはずです。**

加工8まとめ

韻を踏もう。インド不毛。

加工9

パロディ

進次郎構文なるもの

俳句のように、ルールがあると、一気に私たちの表現力が爆発します。

それを実感したのは、ネット上であるものが流行ったときです。

それが、小泉進次郎による「進次郎構文」です。


何かを言っているようで、何も言っていない表現。

たとえば、

「今日はあなたの誕生日なんですね。私も誕生日に生まれたんです」

というような言い回しです。

当たり前のことを、さも特別なことのように言う。

ボケとして優秀なんですよね。

当たり前のことを「堂々と言う」

有名な言い回しとして、「頭痛が痛い」というフレーズがあります。

専門的には、「重言」と呼ぶらしいです。

「事前に予約」「驚きのサプライズ」「後で後悔」……

いずれもつい言ってしまいがちではないでしょうか。そんな中でも、

「イメージ画像」「IT技術」「ヤフーでググる」……

などはハッとするかもしれません。カタカナ用語は要注意で、無意識に使っているのではないでしょうか。

この要領を、さらに盛り込んでみましょう。
当たり前のことを、堂々と言う。深そうで深くない言葉を言う。
考えたら負けなのかもしれません。

お題

「深そうで深くない言葉」選手権

回答

後ろ向いたっていい。もうそこは前だ
大丈夫。明日まであと1日だ

励ましているようで、励ましていないボケですね。

短くスパッと言い切るほうが面白くて、長く説明すると笑えません。
「**それ意味同じじゃん！**」と、つっこみを受け入れるのがポイントです。
ちなみに、最優秀賞はこちらです。

最優秀賞

水深1000㎜

普通のことを言っていて、「**深くない**」という部分も別の意味で満たした秀逸な回答です。

「ウソ名言」が「名言」になる

これらは、小泉進次郎さんのパロディをしているだけのように見えます。

しかし、そんな中でも「名言」は生まれます。

回答

ハードルは高くなるほど潜りやすい

という回答なんかは、多くの人に刺さります。考えてみれば、

「出過ぎた杭は打たれない」

「女（男）なんて星の数ほどいる」

なども同じ発想で生まれたのかもしれません。

大喜利の中からことわざや名言は生まれ、その一部が生き残り続けるのです。

進次郎構文と同じく、元ホストのローランドさんは名言の宝庫です。

「世の中には2種類の男しかいない。俺か俺以外か」

「（ハゲたら）俺についてこれねぇ髪なんて逆に捨てちまえ」

「（相手を忘れたら）俺の記憶に刻めないあなたが悪いのだ」……


キザに強がるのって、シンプルに面白いんですよね。

たとえば最近、私は一人で海外旅行に行ったときに、「この国、つまんないな～」と感じることがありました。

ただ文句を言うだけなら、面白くもなんともないですよね。でも、

「いや～、今回は狙ってる女性と来なくてよかった。絶対に失敗してた～」

と思うようにしたら、なぜか楽しくなってきたんです。

こうやって、あえて強がっている自分を楽しんでしまえた。

このモードで生きられると、**どんなに悪いことが起きても、自分で自分を鼓舞できます。**

すると、まるでいいことのように錯覚してくるから不思議です。

あなたもぜひ、悪いことが起きたら、

「いや〜、〇〇でよかったー！」

というフォーマットに当てはめてみてください。
不幸な自分を開き直ってお題にしてしまう。
大喜利の力、笑いの力が偉大なワケです。

自己肯定感が高い人というのは、自分のことを優秀と思うことではなく、「優秀じゃないけどそんな自分も好き」と思えることだ、と言います。

考え方次第でプラスに持っていける、最強の方法です。
めちゃくちゃ太っている人が、

「痩せたらモテすぎちゃうからさ〜」

と強がっているのは、**古典的ですが面白いですからね。**
そういうことを平気でサラッと言えるのも、大喜利ならではの効果です。

「有名な文体」のパロディ

1章でも紹介した、相田みつを、村上春樹、滝沢カレンなど、「文体」が有名な人はパロディとして使えます。

「おそらく、こういうことを書く（言う）だろう」というのが想像できる人です。

〈お題〉

「相田みつをが言わなそうな言葉」選手権

最優秀賞

消しゴムだMONO

〈お題〉

「いま相田みつをがいたら、なんと言ってるか」選手権

金賞

チェンジだよ、このけだもの

最優秀賞

避けたいんだなぁ、密を

というように、いろいろな遊び方ができます。

文章の最後に「みつを」を付けると、文章が引き締まるので、**「相田みつを」はとても便利です。**

しっくりくる文体を見つけて、パロディとして多用してみましょう。

加工9まとめ

本書は誰もイジっていません。
あくまで「パロディ」です。

加工10

小技集

ビジュアル・カウンター・文字数

ここまで9つの加工の方法について述べてきました。

しかし、大喜利の加工テクニックは、まだまだあります。

「日々、進化し続けているな〜」と心の底から思いますね。

この本が売れた暁には、第2弾、第3弾も作りたいなと、したたかに思っているのですが、やっぱりここで出し尽くしましょう。

ということで、やや応用編として、代表的なものを3つ紹介しておきましょう。

「ビジュアル」を使う

1つ目は、ビジュアルについてです。

要するに、「絵を描く」ということです。

最近の大喜利の傾向として、**「テキスト」**より**「画像」**を使うことが増えました。

まあ、著作権の理由で本書には掲載できないのですが、手軽に伝える手法として、この流れは止められません。

テレビの大喜利番組でも、フリップを使って、イラストが描ける人のほうが強い印象ですよね。

しかし、あくまで補助的なものだと私は思っています。

とっさの返しとしては、やはり「言葉」のほうが強いです。

お題

「自然に『ンゴ』言う」選手権

というものを、よく出題します。

代表的なのは、「香取慎吾（かとりしンゴ）」さんの写真を使った回答などです。

そんな中で、『HUNTER×HUNTER』の「ゴン」というキャラクターを逆さにした画像を貼った人がいました。

このような使い方はセンスがあるなと感じます。

また、次のようなお題と回答を見てみてください。


〈お題〉

「遅刻の言い訳」選手権

五体投地で来た

高齢の住職賞

「五体投地」という言葉は難しいですよね。

言葉で説明すると、両ひじや両ひざ、額の「五体」を地面につけて長い時間かけて祈りながらイモ虫のように進む、仏教でもっとも丁寧な礼拝の方法です。

こういうときに、実際のイラストや絵を添えて見せると、伝わりやすくなります。

人は知ったかぶりする生き物ですので、**「それが五体投地なのか〜」**と心の中で思わせれば、十分に笑いを生み出せます。

お題へのカウンター攻撃

2つ目は、「カウンター攻撃」についてです。

ここまで何度も述べているように、お題に沿って考えるのが大喜利のルールです。

しかし、たまに**「チャブ台返し」**がうまくいくときがあります。

それが、お題へのカウンター攻撃です。

「そもそも、そのお題が間違っているんじゃない？」

と思ったときは、有効な手です。
うまくいった例を紹介しましょう。

お題

「お酒を飲んで記憶をすぐなくす人にしかわからないこと」選手権

最優秀賞

記憶をすぐなくすのに、
なくしたときのこと覚えてるわけがない

まさにその通りで見事ですよね。

ただし、この回答を出すタイミングは大事です。

いくつか模範的な回答が続いてからなら大丈夫です。

しかし、**お題を出した瞬間に、すぐにこういったカウンターを仕掛けると、その場が冷めるときがあります。**

早ければいいというものではない。

散々、回答を出したあとに、ボソッと言う。これが定石ですね。

また、一般人の大喜利の場合、「とぼける」「スカす」という手法は難しいです。

芸人なら独特な間で答えられますが、**そこは芸が必要です。**

お題

「『私いくつに見える？』って言われてうまく返すにはどうしたらいいか」選手権

最優秀賞

えっ、一人に見えるけど……

文章だけでも面白いですが、実際に読み上げるときは、「とぼける演技」が必要です。

「そもそもあなたが間違っていますけど？」

と、お題を出す人にカウンター攻撃をするわけですから、間を考えて言うようにしましょう。

「文字数」という逃げ方

3つ目は、「文字数」です。

あえて長文にすることで、回答に意味を持たせるようなテクニックです。

X（旧ツイッター）では、基本的に「140字以内」での投稿しかできませんよね（課金すると長文投稿もできます）。

そうすると、**その制約を逆手に取ることができます。**

お題

「絶対子どもが増える少子化対策」選手権

回答

政治家を65歳で定年にすれば、現役子育てに関わる人たちが政治家になれるのでもっといい意見が出ると思います。ついでに未来ある人たちが政治家になれるので、日本の未来について

もっと真剣に考えられると思います。5年後生きてるかわからない年齢の人たちが日本の未

これより先は辛辣《しんらつ》な回答になりそうだというところで、140字に達しています。それを狙っているのが、非常にうまいですね。

Xのように制約がなくても、**「最後をあえてぼかすことで、相手に想像させる方法」**は有効な手です。

「ブスという言葉はあまり言えなくなりました。人は見た目ではなく中身で判断すべきだということのようです。ただ、そんな容姿ネタについて『ルッキズム、ルッキズム』とうるさい人をこないだスーパーマーケットで見かけたんですね。手に取った野菜や果物を選ぶときに、何で判断しているかというと文字数」

炎上しそうなことは、こうやって言い切らないのもテクニックです。

それをズバッと言い切っちゃうのは、インフルエンサーのような人にしかできませんよね。

一般の人は、言いたいことは語尾をぼかす。

日本人らしくていいじゃないですか。

ということで、3つの応用的なテクニックを紹介しました。残りは第2弾をお待ちください。

加工10まとめ

いいテクニックがあれば、どうぞ私に教えてください。

最後に、「2章のおさらい」をしておきましょう。

2章の**「加工」**の技術を知っておくと、日常生活で**「大喜利脳」**が働くようになります。一体どういうことでしょうか。

もし、会社や学校に行こうとして、家を出た瞬間に、

「大きいヘビがいた」

としましょう。それによって、遅刻してしまいました。

さて、目の前にいる上司や先生に、なんと言いますか？

「大きいヘビがいた」

だけでは、言い訳のように聞こえてしまいます。

そんなとき、「笑い」の力は絶大です。

「加工1 フリとオチ」「加工2 緊張感」を生かしましょう。

「マンションの下に、誰が待っていたと思います？
そうです。ヘビです。ヘビ。しかも大きめの」

相手に心の準備をさせ、あたかも悪人に会ったかのように、ヘビであったことを伝えるのです。

「加工3 逆張り」で、ヘビの気持ちになって心の中を補いましょう。

「**そのヘビは、『あのとき助けたヘビです』**
と言わんばかりに動きませんでした」

あなたにとってのヘビの恐ろしさは、「加工4 過剰」「加工5 比喩」で伝えてください。

「**ヘビって、ミミズの上位互換ですからね。**
もはやテロレベルですよ。ヘビテロ」

「加工6 Wミーニング」も使いましょう。

「誰がヘビーモードに設定したんでしょうね」

できれば、ＡＫＢ48の「**ヘビーローテーション**」を替え歌して、「加工8 リズム」「加工9 パロディ」まで詰め込められるとよいのですが、そこはあなたと相手との関係性次第です。

「加工7 キャラ」が大事になってきます。

というように、いくらでも応用が可能です。

えっ？ そんなの無理に決まっている？

でも、笑いがわかってくれる相手なら、きっとつっこんでくれるはずですよ。

「**おい、最後の言葉は『蛇足』だぞ**」って。

第3章

お題の考え方

3章では、「お題を出す側の考え方」について語ります。

1〜2章では、回答を考える方法について述べました。

次は、「お題の出題者」の側にまわりましょう。

といっても、こちらはそんなに難しいものではありません。

「**なんでもいい**」と言ってもいいかもしれません。

回答者に才能があれば、どんなお題を振っても、いい回答が返ってきますからね。

とはいえ、本書はプロを相手にしていません。

お題を出すときの「最低限のコツ」があるにはあります。

だてに2万ものお題を出してきたわけではありません。

ということで、その技を説明していきましょう。

お題のキホンについて

お題には、大きく分けると2種類あります。それが、

・主に「共感」を引き出すもの
・主に「ボケ」を引き出すもの

です。

もちろん、想定外の回答が来ることもあるので、すべてをコントロールできるわけではありません。

ただ、**ある程度の予想は立てられます。**それぞれ、

・相手の脳内にある素材（エピソード）を引き出したいのか（1章メイン）
・相手の素材を加工する技術を試したいのか（2章メイン）

と、2つの意図が考えられます。

これから親睦を深めたい人と軽い雑談をするのであれば、「**共感を引き出すお題**」が

おすすめです。

あるいは、すでに仲のいい友達とファミレスや飲み会でワイワイしゃべりたいときは、**「ボケを引き出すお題」**を出しましょう。

大喜利は「チームプレー」である

テレビの大喜利番組を見ていると、出題者のほうが偉い立場であることがほとんどです。

お題を出し、それが面白いかどうかを、偉い立場からさばいていますよね。

これは芸人さん同士だから成り立つ構図です。

日常生活での大喜利では、**上からのスタンスは絶対にNGです。**

お題を出したのであれば、そこに答えてくれる回答は、全力でフォローすべきです。

面白くなかったときに、「つまんないよ」「スベってるよ」と口にすることはやめましょう。

まずはどの回答も「生かす」ことです。

「**いいね**」「**なるほど**」とフォローして盛り上げましょう。

ネット上での大喜利でも、一つの回答に対して、他の誰かがフォローすることによって、面白さが増すことがあります。たとえば、

〈お題〉

「彼女が屁をこいてしまったときの紳士な対処法」選手権

金賞

うん、綺麗なファの♭だね

という回答に対して、次のようなコメントがつきました。

「『ファの♭はミ』＝『身が出る』ですね」

抜群の連携プレーですね。

最初の回答は、もしかすると、深い意味がなく思いついたのかもしれません。

それに対して、おそらく音楽に詳しい人が、意味を広げて笑いを生み出しています。

専門知識は、このように使ってほしいものですね。


大喜利はチームプレーです。

誰かを否定したり、スベらせたりすることは、大喜利の場では相応しくありません。

だから、私の大喜利では、**「○○を教えてください」「○○選手権」**という聞き方をしています。

出題者は下から目線であることが大事です。名インタビュアーと同じです。

そして、参加している全員で、

「その場を面白くしていくこと」

を忘れないようにしましょう。

ちなみに、先ほどのお題の最優秀賞は、次の回答でした。

最優秀賞

君のおならなんて、屁でもないさ

お題を出すことで「雑談」に強くなる

お題を出すということは、「質問をする」ということです。

無理難題を出されれば人は困りますが、「答えやすい質問」を出されて困る人はいません。だったら、どんどん日常生活でお題を出してみればいいと思います。

61ページでも述べたように、私の大喜利は「**ボケ**」から「**共感**」へとシフトしていきました。最近のお題では、

「これぞ日本が誇るアニメの名ゼリフ」
「時代が早すぎて売れなかった人」
「忘年会で歌ったら盛り上がるカラオケ」

など、笑い以外の回答を求めるお題をよく出しています。

これってそのまま「雑談テクニック」につながると思うんですよね。

たとえば、自己紹介で出身地を聞いたら、すかさず、

「その地域の人にしか通じない言葉って、何かありますか？」

と聞いてみたりする。

そういう質問に人は前のめりで答えたくなるんですよね。

たとえば、福井県の人しかわからない方言で、

「はよしね（早くしなさい）」

というものがあります。
一度それを知ると、別の福井県出身の人に会ったときに、

「はよしね、って言うんですよね？」

と、雑談のネタとして言うことができます。すると、一気にその人と距離を縮められるでしょう。

さらに、私くらいになると、**「都道府県すべての方言を集めよう」というコンプリート欲も湧いてきます。**

国のことや業界のことなど、知りたいことが増えると、コミュニケーションがより楽しくなってきます。

なかなか他人に興味を持てない人でも、

「この人しか知らないこと選手権をやってみよう！」

とお題モードに考え方を切り替えられると、きっと人から好かれることでしょう。

ということで、3つのお題のコツについて、以下にまとめました。
ぜひ、いいお題をたくさん考えて私に直接お教えください。**連絡お待ちしています。**

お題1

共感

会話が盛り上がることを重視する

大喜利の目的は、相手を「うーん」と困らせることではありません。

発想のアシストをして、大喜利脳へと切り替えさせて、**次々に言葉が出てくる状態に持っていくことです。**

クイズや謎解きではありません。

まずは、**「共感」を引き出すようなお題の出し方**を覚えましょう。

あなたの目の前に、まだそんなに仲良くないような人がいるとします。

「趣味はなんですか？」「えーっと、音楽ですね」

そんな会話をしたとしましょう。ここで、大喜利の出番です。

お題

「日本の三大名曲『世界に一つだけの花』『上を向いて歩こう』あと一つは？」選手権

というお題を出してみましょう。

もちろん、この2曲を三大名曲と言い切っていいのかどうかは、つっこみどころがあるかもしれません。

でも、ここでの目的は、**二人の会話が弾み、相手の脳内から「音楽の知識」を振り絞ってもらうことです。**誰でも知っている2曲を選んでおくことで、「万人ウケするいい曲」という制約も生まれていますよね。

というように、会話の糸口を広げるようにお題を考えてみるのがポイントです。

その上で、「三大○○」という言葉は便利です。勝手に三大○○を作ってしまって、お互いに意見を言い合ってみてください。きっと、初対面でも盛り上がるはずです。

「不満」をお題に変えてみる

相手の会話の内容からお題にすり替えるのが、テクニックとして定石です。

お酒を飲みながら、だらだらとグチを話しているとしましょう。

「うちの部下が、本当にメールの返信が遅いんだよね……」

そんな不満を見つけたら、大喜利の出番です。

「返信が遅い人あるあるってあるかな？」

と問いかけてみましょう。

「待ちきれず電話したら『メールですよね？』と言ってくる」「ＳＮＳをチェックすると、活発にいいねを押している」など、面白い回答が出てくるかもしれません。

日常生活で、イライラしたり、モヤモヤしたりすることは、きっと多いはずです。

そして、グチを言ったり、聞いたりしているのも、じつはしんどいはず。

そういうときは、「お題を見つけた」と考えてみてください。

それだけでも気分はスッキリします。

しかも、笑えるネタが見つかると、ただグチを言うだけよりよっぽど生産的です。

そういう回答は、ぜひ、ネットにさらしてみてください。きっと、たくさんの「いいね」も集まるはずです。

「炊飯器を開けたら、ご飯がちょっとだけなのに、保温のままにしていてイライラ……」

「トイレットペーパーを数十センチだけ残されていてモヤモヤ……」

みんな同じことを感じているんですよね。

だったら、ぜひネタとして昇華させましょう。

お題1まとめ

大喜利が広まれば、世界が平和になりますね。

お題2

ボケ

制約をつけてハードルを下げる

続いては、「ボケ」を引き出すお題です。

芸人さんがよくやっている、上級者編かもしれませんね。

友達同士やLINEでのやりとりなど、限られた場所でしかできないかもしれません。

おすすめは、**自分で自分にお題を出してみて、1日かけていい回答を考えてみること**です。

そのために、ノートやスマホにお題を書いてみて、本書で紹介したテクニックで、**さまざまな角度から考えてみてください。一度思いついたネタは、自分の頭にストックされる**ので、いざというときに使えます。

友達にボケを引き出すお題を出すのは、かなりハードルの高いことです。

それはただの「**ムチャ振り**」ですからね。ハードルを下げる工夫をしましょう。

ちゃんと「例」を用意する

お題は出しっぱなしにしないように注意します。たとえば、

〈お題〉

「クリスマスを一人で過ごす言い訳で、『リア充のカップル達のために夜景を作っている』を上回る切ない言い訳」選手権

というように、「例」を補足すると回答を思いつきやすくなります。
あるいは、「ボケ」を引き出す目的でも、「共感」から入るお題だとスムーズに考えることができます。

お題

「なんで埼玉県だけ県庁所在地が『さいたま市』と、平仮名なのか」選手権

「たしかに、**なんでだろうね〜**」と言い合えます。
そこから「埼玉」で思いつくものを連想することができますよね。

お題

「気づかせてくれる言葉」選手権

というお題のときは、

「売れたバンドやアイドルに『なんだか遠い存在になっちゃったね』と言ってる人に対して『元々お前の近くにいない』と言い返そう」

という「いつもここから（芸人）」のネタを例にしました。

出題者は回答例までを思いついてから出す配慮を覚えておきましょう。

「いじり」の許容範囲

笑いに欠かせないのが、「いじり」です。

「素材3　自虐」のように面白くいじることとは別にいいことです。

ただ、**根底に「リスペクト」があるかどうかが大事なんですよね。**

本書で紹介した、村上春樹や滝沢カレン、小泉進次郎も同じです。

みんなが好きな有名人だからこそ、ネタにしやすい。

特徴があるから、人気者になれるわけです。

奥底には「愛」を忘れないようにしましょう。

なので、**懐の広い有名人のみなさんには見逃してほしいなと思うわけです。**


「苦手なこと」はネタになるということも書きました。

ただ、これが**「悪口」にならないようなバランスにするのがポイントです。**

「ラーメン二郎が苦手な人あるある」というようなお題を出してしまうと、ラーメン二郎の悪口を引き出してしまいます。それはそれで盛り上がるかもしれません。

しかし、誰か特定の人が傷ついたり、名誉毀損《めいよきそん》になってしまうのであれば、そのお題は避けます。

回答も同じです。悪口で笑う人もいれば、引いてしまう人もいる。

諸刃の剣なんですよね。


とはいえ、「『野菜嫌いあるある』をやると、農家の人が悲しむかも」とまでは考えすぎな気もします。**まあ、個人名や団体名を直接出すのはやめるようにしましょう。**

仲間内での雑談レベルなら、特定の人の悪口のほうが盛り上がるかもしれませんけどね。公の場か、プライベートの場か。その線引きをしないと、ネットは使いこなせません。


とはいえ、「誰もがいじっていい」という空気感があるものもあります。

たとえば、「群馬県」です。

群馬は、田舎であることを「魔境」としていじられています。

これがエスカレートするといじめに発展するのかもしれませんが、空気を読んで「**全員が笑えること**」をゴールにしてみてください。

おのずと、いいお題、いい回答になっていくはずです。

お題2まとめ

「場」を見極めないと、「バカ」扱いされかねません。

お題3

つっこみ

ボケを殺さない優しいフォロー

最後に、お題を出す人に求められる「つっこみ」について触れておきましょう。

前ページで「いじること」について書きましたが、それを回避するテクニックが「つっこみ」なのです。どういうことでしょうか。

「落選」というつっこみ

たとえば、私の大喜利では「**落選**」を与えることがあります。

共感を集めている回答なので「最優秀賞」を与えてもいいのですが、ストレートに褒めないほうが面白さが増すときに「落選」を発動させます。

漫才でのつっこみでも、

「なんでやねん」

「やめときなさい」

「ダメー！」


と、相手を制するつっこみをしますよね。

これをすることで、

「この人は、言ってはいけないことを言っています」

という安心感を見る側に与えて、笑いやすくさせる効果があるわけです。

お題

「彼女とデート中に彼女がウンコ踏んだときの紳士な対処法」選手権

落選

ごめん、次からトイレでするわ

この回答はわかりやすいですよね。

「**いや、お前がしたんかい！**」と、ボケに対するつっこみとして「落選」を使っています。

主に下ネタに活用できます。

あるいは、ファンが怒る可能性があるものにも使えます。

〈お題〉

「ディズニーシーのタートル・トークでしてはいけない質問」選手権

落選

ニモの煮物って美味しいんですか？

ディズニーファンが引いてしまうような**「地雷かもしれない回答」**には、念のため「落選」を与えています。

まあ、実際に想像すると面白い回答なんですけどね。

もしくは、**出題者をいじってきた場合**は、つっこみが必要です。たとえば、

〈お題〉

「付き合ってはいけない3Bって何？」選手権

落選

坊主、坊主、坊主

〈お題〉

「ボカロって何の略？」選手権

落選

坊主、けっこうな、ロリコン

テレビ番組の「笑点」では、司会者をいじったときに「**山田くん、座布団ぜんぶ持って行って～**」という返しがありますよね。

それと同じパターンです。

ただ怒ってしまうと雰囲気が悪くなるだけです。**広い心を持って、「落選」を与えるようにしましょう。**

私の好みとして、次のような回答にも「落選」を与えています。

お題

「この人と友達やめようと思った瞬間」選手権

落選

友達だったのに、いつの間にか、いつもそばにいてほしくなったとき

これは、リア充すぎるから「落選」にした例です。

お題が求めているのは、「友達と縁を切る瞬間」であって、「友達から恋人やパートナーになる瞬間」ではありません。

でも、共感が多いから「いいね」は集まります。

秀逸な返しではあるので、**妥協案で「落選」というお墨付きを与えています。**

そんなパターンもあります。

お題3まとめ

つっこみは「武器」ではなく、「安全網」です。

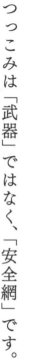

最後に、「3章のおさらい」をしておきましょう。

瞬時に脳内でお題に変える、出題者モードになりましょう。

初対面の会話で、

「何か趣味はありますか？」

「推し活ですかね」


さあ、ここで「**大喜利脳**」の出番です。

普通なら、相手が何を推しているのかを聞くところですが、知らない俳優やアイドルの名前を出されると、気まずくなってしまいますよね。

そんなときは、相手に何かを考えさせる「お題」を出します。


「そうですか。そういえば、『推し』と『好き』の違いって、何なんでしょうね～」

などと共感を求めるお題を出してみましょう。

言葉の微妙なニュアンスをうまく説明させるお題です。

相手にとっても、無意識に考えていることでしょうから、そんなに脳の負担にはなりません。

あなたに進んで「推し」のよさを語ってくれることでしょう。


「他の人に絶対譲れないのが『好き』だと思うんですけど、他の人におすすめしたくなるのが『推し』なんですよね〜」


と、言語化してくれるかもしれません。

もうこれが、立派な大喜利の回答なんですよね。

あとは、相手が考えたことをリスペクトして、「**なるほど！**」とリアクションをしてあげてください。


いや〜、こうやって見ると、**大喜利出題者って、本当に「モテそう」ですよね。**

ということで、出題者に求められるスタンスについて、3つのコツについて述べてきました。

根底にあるべきなのは、

「回答者へのリスペクト」と

「笑いへの深い愛」です。

坊主のことは嫌いになっても、大喜利のことだけは愛し続けてほしいものです。

そして、**あなたの脳内から、一つでも多くの名回答が生まれることをお祈り申し上げます。**

おわりに

２０１１年3月、私は山での長い修行生活を終えて、師匠のいる寺に戻りました。

東日本大震災の津波の影響で、師匠は行方不明になっており、お寺の本堂が避難所になっていました。

約2ヶ月の間、避難所で被災者の方々と寝食を共にしました。

やがて、避難所にいた被災者の方々は仮設住宅に移り、避難所は解散になりました。

檀家さんが津波で多く流されてしまい、寺の経営は成り立たなくなりそうでした。


それを機に、私は思い切って東京に出ることを決意しました。

上京する前に、実家の両親に会って（実家は寺ではありませんが）、「こんな決断をしてすまない……」と頭を下げようと思っていました。

寺から逃げ出す形になり、親からはがっつり怒られるのではないかと、内心ビクビクしていました。

すると、親からの最初の言葉は、

「もっと早くそう言い出すと思っていたよ、ご苦労だったな」

というものでした。

その言葉を受け、住む家も決めず、荷物をまとめて、東京へと向かいました。

東京に着くと、ネットカフェやゲームセンター、ラブホテルなどを1人で転々としました。

「どこか働ける寺はないかなぁ……」

そう考えて、日々を過ごしていました。


そこで、私を拾ってくれたのが「高齢の住職」です。


大喜利の「高齢の住職賞」のモデルとなった住職です。

その住職の寺で月に数回、最初は日払いで働き始めました。

後に月給制になりましたが、それだけでは十分に暮らしていけないのでいろいろなアルバイトを掛け持ちしました。

ハプニングバーのバイトの面接にも行きました。ハプニングバーの店員からは、

「ベビードールの格好で接客してもらいますが大丈夫ですか？」

と言われて、「坊さんなんで無理です」と断りました。

修行時代が長かったせいか、娑婆の空気にどうも慣れず、ちょっと迷走していました。

坊主バーというお店でもバイトをし、牧師や神主と一緒に働いたりもしました。

そこで当時のツイッターを始めることになります。

最初は、仏教の豆知識を面白おかしく発信していました。

そのときにふと、投稿の最後に、

「……と、高齢の住職が言っていました」


という一文を付けることをやってみました。

するとそれがものすごく反響がよくて、たくさんの人たちに読まれるようになりました。

「日めくりカレンダーにしませんか？」と出版社からの依頼もあったほどです。

もちろん実際に高齢の住職が言っていたことも投稿していましたが、徐々に創作も加えるようにしました。

ＳＮＳはエンタメで虚構の世界でもありますから、「高齢の住職」という言葉を見ると、「人生の大先輩＋住職」という印籠を突きつけられて、「みんながありがたがるのだなぁ……」と、ネットの仕組みがぼんやりと理解できた気がしました。

半ば架空の高齢の住職が、ネット上でどんどん一人歩きして人気になっていく現象が、なんとも面白いものでした。

過去の投稿で最初に反響が大きかったのが、

「坊主バーの木魚がなくなった。どなたか間違えて持って帰っていませんか？　これをリツイートしたらお経一巻唱えたことになります。その名もワンクリック祈禱」


というものでした。これがウケてYahoo!ニュースに掲載されました。

なぜ、この投稿をしたのかというと、前日に尼さんと浅草のストリップを見に行き、踊り子さんのショーに感動したからです。

「私も、もっと頑張らなきゃダメだ！」と思い、この投稿を考え出しました。

やがて、仏教の豆知識が底をつき、「第三者に面白いことを考えてもらって、それを発表したらラクできるんじゃないかな？」と考えました。

お題を出し、フォロワーが考え、結果発表する、という、この本で取り上げた大喜利の形式（選手権）が生まれた瞬間です。

やり始めたタイミングがよくて、一気に話題になっていき、たくさんの名回答が生まれました。どんなものでも、「先行者利益」があるのは間違いないですね。

ネット上には、すぐに面白いことが言える超天才がたくさんいて、そのことに驚かされました。

大喜利に参加してくれている人の中には、就活の面接でこの大喜利で最優秀賞をたくさん取ったことを言い、内定をもらって働いている人もいます。社会人生活の中で大喜利が何かの役に立っていることを願っています。

また、「○○に行ったらこれ買え選手権」「おすすめの○○選手権」などを開催しているため、その投稿がバズると、その商品がネットで在庫切れになり、企業さんからお礼の品物が届いたりします。

「おすすめのシャンプー選手権」をやったときは、私の元にたくさんのシャンプーが送られてきました。

私に髪がないことが悔やまれます。ただ、私の経営するバーのアルバイトやお客さんにあげることで喜ばれました。この場を借りて、お礼をお伝えします。ありがとうございました。

あと、大喜利に参加している者同士で出会って結婚したカップルもいます。

そんな報告もたまに届きます。

生まれた子どもには、どんな名前がつくのかなぁと考えてしまいます。

大喜（だいき）や、**喜利子**（きりこ）とかでしょうか。

嬉しいですよね。

ただ、報告だけで結婚式に呼ばれたことはありません。


本文でも述べたとおり、大喜利の回答は、私のフォロワーが考えてくれています。

私が考えたわけではありません（お題を考えたときに想定する回答例はありますが）。

それなのに、「坊主が面白い」と勘違いする人が続出していて、たいへん申し訳ない気持ちでした。この場で一応、そう言い訳をさせておいてください。


あと、もう一つお願いがあります。

私はよく「〇〇好きにしかわからないこと選手権」として、好きなアーティスト、ゲーム、アイドル、漫画などを扱っていますが、私自身は、一切そのアーティストや、ゲームなどに詳しくありません。

私のバーに会いにきて、「○○が好きなんですか?」と聞くのは、どうぞやめてください。**何も話が膨らまずに、気まずさに耐えられません。**

私は、音楽を新しく聴いたり、若い人の間で流行っているマンガを読んだりする娯楽は捨てました。

その時間があるなら、1つでも多く大喜利を出題して影響力を持ちたいなと思っています。

その影響力があると、**大津波警報や特別警報など、何か危機に面したときに大事な情報を拡散できる**からです。

犬や猫の迷子情報の拡散も積極的にやっています。

2011年に東北から逃げ出した私に、お釈迦様が与えてくれた任務・責務だと勝手に解釈してやっています。

せっかく、みなさんのおかげで100万以上のフォロワーとつながっているのですから、これは絶対にやらなきゃならないと思っています。

フォロワーのみなさん、大喜利に参加してくれているみなさんには、本当に感謝しております。

私はお題を出してまとめているだけで、手柄をすべて坊主が持っていき、まさに「坊主丸儲け」と揶揄されているのは知っています。

しかし、そうは言っても、面白いことを言い、たくさんの「いいね」がついたら、承認欲求が満たされて最高に嬉しいことも知っています。

「俺はようやく認められたんだ」「やっと日の目を見れた」となると、自信がつくと思います。

非リア充の承認欲求に応える、最高の居場所を作れたと自負しています。

私をフォローする全国１００万人以上のニートのみなさん、これからも私の大喜利への参加をどうぞお願いします。

＊

さて、最後になりますが、この本が生まれた経緯についても触れておきます。

出版のお話を受けたとき、私は最初お断りしていました。

執筆依頼は過去に何度も来ていましたが、許可どりなどが面倒になるので、すべて断っていました。

こんな私が書いた本なんて売れるわけがないとも考えていました。

たくさんの名著が世の中には溢れているわけですしね。

ゲームや漫画などの娯楽もあります。

ハードな執筆作業にも耐えられる自信がありません。

品のない文章しか書けません。

粗悪な本を作ってしまっては、親や師匠に申し訳が立ちません。

しかし、今回は、出版社がダイヤモンド社で、担当の編集者が種岡さんということで、そのことを周りの知り合いに聞くことにしました。

「それ、ひろゆきの『1%の努力』を担当した人だよ！ だったら間違いないよ！」と背中を押されて、今回はOKしました。種岡さんだったらなんとかしてくれるだろうと他力本願な感じで本作りがスタートしました。

月に一度、種岡さんと会い、過去の面白かった大喜利をどんどん紹介していきました。私はただしゃべっているだけで、気づけば種岡さんが一冊の本にうまくまとめてくれました。この本が完成したのは99%が種岡さんのおかげと言っても過言ではありません。

この場を借りてお礼を申し上げます。

これで本当の最後になりますが、私は大喜利で「最優秀賞」「金賞」「入選」「参加賞」「落選」「高齢の住職賞」……と、さまざまな称号を与えています。

この中でも、特に思い入れの深い「高齢の住職」からは、たくさんのことを教わりました。

あるとき、その高齢の住職に、

「最高の供養とはなんですか？」

と聞いたことがあります。すると、こう答えてくださいました。

「生きているものが、笑顔で、ニコニコしてることが、最高の供養だ」

だから私は、引き続き大喜利をやって、みんなを笑顔にしていきたいと思っています。

最後まで読んでいただき、本当にありがとうございました。

合掌。

坊主

謝辞

本書では、たくさんの回答を掲載させていただきました。
ご快諾いただいたみなさまをご紹介いたします。本当にありがとうございました。

アロエさん @sumo1357911（P2・P179）／オオカミさん @coty_wanko（P3）
超いい人床ジョーズさん @b0pink（P57・P272）
ケーニヒスベルクの橋さん @Motisma_Eau479（P62）
「FANZAをすこれ」管理人さん @erokatter（P64）
z5さん @z5_6969（P67）／えとーさん @EtoChaso（P70）
緒方あきらさん @akiratypeo913（P71）／さえぐさささん @segs_official（P72）
横山明日希さん @asunokibou（P76）／ヒューガさん @hyul0v3（P97）
かめたんさん @kametan0730（P132）／うらりん。さん @urarin_acc（P144）
いおりさん @iorin_ur（P177）／¥390さん @kiyuryo1（P193）
guniguniさん @gunijapan（P202・P216）

としさん @cVWcJMkRH3p7Cos（P208）／すずめくんさん @FartherSuzume（P211）
七条屋/$hichijo_yaさん @Shichijoya（P213）／匿名希望さん（P214）
清楚なリデコロさん @Y9PeTFmPlvFGCfo（P222）
逢魔ゆみにむさん @Yuminim_VTuber（P236）
1次元VTuberライナーさん @liner_radio（P237・P262）
えだまめ しゔぁ ®さん @EDAMAMESIVA（P240・P243）
しば山さん @lw55qfs（P241）／イカの塩辛さん @shiokara1203（P254）
まえもんさん @hekeroppa（P267）／るっきーさん @ruminasuear（P278）
ランドさん @rand_novel（P280）／夏彦さん @sinatuhiko613（P293）
遅れブリンッ!・さん @tw927am（P308）／ハー娘。（はーむす）さん @Maria22mizuki34、やぐでぃんさん @Blossom_V2B（「Amazon限定特典」に掲載）

また、掲載の許可をいただきたかったのですが、残念ながらアカウントを探し出すことができなかった回答は、次のとおりです。

著作権法は順守して「引用」をさせていただいておりますが、もし心当たりのある方は、担当編集の種岡までご連絡ください（taneoka@diamond.co.jp）。
よろしくお願い申し上げます。

「サーモンベイビーイクラチャーン」(P69)、「明石家さんまの『ファーw』はミ」(P74)、「ニートは毎日夏休みと言われるが、実際には宿題を放置したまま迎える8月31日みたいな気分が毎日続く」(P107)、「グーグルマップのピンが家に刺さって抜けないんです」(P127)、「餅を大きく切る癖があるので」(P128)、「さだすでにまさし」(P164)、「コンビニでチョコを買い、袋いりませんとレジの女の子に告げてください」(P178)、「七面鳥の通夜があるので」(P180)、「No smoking」(P235)、「考えるとmath math　わからなくなる」(P238)、「横浜DNA」(P244)、「365日の紙屁コーキ」(P246)、「ぴっ！　レジ袋五円」(P261)、「駐車違反してる車の前輪タイヤの下に花束とお菓子とジュースを置く」(P252)、「消しゴムだMONO」(P271)、「チェンジだよ、このけだもの」(P272)、「五体投地で来た」(P276)、「うん、綺麗なファの♭だね」(P293)、「ニモの煮物って美味しいんですか？」(P309)

また、日頃から坊主大喜利にご参加いただいたみなさまに、あらためて感謝を申し上げます。

本当にありがとうございました！

大喜利の「お題」ベスト1000

これまで私が出題してきたお題を1000個、まとめてみました。ぜひ本書の内容を参考に、一日一題、大喜利にチャレンジしてみてください。一人でお題と向き合ったり、友達や家族と取り組んだりしてみましょう。いい回答は、ぜひネットに投稿してみてください。

共感を引き出すお題

1「今年1年を俳句にしよう」選手権
2「小学生のときにやった馬鹿なこと」選手権
3「友達んちに行って驚いたこと」選手権
4「痩せてる人にしかわからないこと」選手権
5「チャリ通にしかわからないこと」選手権
6「なぜかフルネームで呼んじゃう人」選手権
7「陽キャ女子あるある」選手権
8「付き合ってはいけない3Bって何？」選手権
9「妹にされて一番嫌だったこと」選手権
10「今までに一番やばかった担任」選手権
11「めっちゃ静かな人しかわからないこと」選手権
12「高校のときにいたガチのクズ」選手権
13「『ああ、この人、関西人だな』とわかる瞬間」選手権
14「30歳になった人しかわからないこと」選手権
15「自己肯定感高い人にしかわからないこと」選手権
16「オタクはなぜ早口なのか」選手権
17「返信早い人あるある」選手権
18「優しいのにモテない人の特徴」選手権
19「ドラえもんがのび太君に決して見せなかった道具」選手権
20「音フェチあるある」選手権
21「アイドルオタクは大量に買った同じCDをどうしているんですか？」選手権
22「大学の飲み会で気をつけておいたほうがいいこと」選手権
23「なんで将来役にたたないのに数学なんかやんなきゃいけないの？」選手権

24「子どもに悪影響なもの」選手権

25「日本の三大名曲『世界に一つだけの花』『上を向いて歩こう』あと一つは？」選手権

26「おじいちゃんが言った忘れられない言葉」選手権

27「え？ これがパワハラになるの⁉」選手権

28「義務教育の敗北を感じた瞬間」選手権

29「大学受験全落ちしたので慰める一言」選手権

30「一度聞いたら頭から離れなくなるメロディー」選手権

31「最低なデートコース」選手権

32「自分の家もしかしてちょっと金持ちだなって瞬間」選手権

33「USBを差し込むときに高確率で逆に差し込んでしまう現象について名前をつける」選手権

34「クラスで1人はいるやつ」選手権

35「修学旅行の最悪な思い出」選手権

36「信頼できる女の子ってどんな子ですか？」選手権

37「田舎暮らしの素晴らしいところ」選手権

38「自分の会社がブラック企業かどうか確認する方法」選手権

39「日曜日の夜の気持ちあるある」選手権

40「飲み屋で話題にしちゃいけないもの、宗教、政治、野球。ですが、4つ目は？」選手権

41「小さい頃結婚したいと思ってたアニメのキャラ」選手権

42「LINE未読の人あるある」選手権

43「小さい頃にやった危険なこと教えてください」選手権

44「実際に母校にあった変わった七不思議」選手権

45「テストの前日あるある」選手権

46「23時台あるある」選手権

47「脂っこいもの好きな人にしかわからないこと」選手権

48「教師に言われた忘れられない言葉」選手権

49「『プリン＋醤油＝ウニ』みたいなやつ」選手権

50「今こそ再放送してほしいドラマ」選手権

51「部活の顧問がめっちゃ厳しかった人にしかわからない」選手権

52「国語の作品の名言」選手権

53「スマホがアンドロイドの人を間接的にディスる方法」選手権

54「哲学習いたての人が言いそうなやつ」選手権

55「今だから言える先生にした嫌がらせ」選手権

56「出席番号が前の人あるある」選手権

57「通勤・通学がめちゃくちゃ遠い人あるある」選手権

58「親が怒ったときにありがちなこと」選手権

59「地雷系女子あるある」選手権

60「理不尽に先生に怒られたってやつ」選手権

61「自分が通ってる学校にいたヤバい先生」選手権

62「無くなってほしくないお菓子」選手権

63「霊感ある人にしかわからないこと」選手権

64「金銭感覚の違いあるある」選手権

65「バス通あるある」選手権

66「どこでもすぐ寝てしまう人しかわからないこと」選手権

67「そこで区切るんかい！」選手権

68「大晦日にないと困るもの」選手権

69「男なら一度はこの声で歌ってみたいボーカル」選手権

70「コンビニとかファミレスとか全部含めてフライドポテト最強決定戦」選手権

71「結局カラオケで一番盛り上がる曲は何か」選手権

72「理科の授業でイラっとしたこと」選手権

73「これ給食に出てきたらテンションあがるってやつ」選手権

74「医者に言われた嫌な言葉」選手権

75「英語で腹立ったこと」選手権

76「メンタル強い人あるある」選手権

77「女性の建前と本音の代表例」選手権

78「これ今まで標準語だと思っていた方言」選手権

79「声がめっちゃ可愛い人」選手権

80「関西地方の可愛いなまり」選手権

81「電車のイスに座るのが苦手な人しかわからないこと」選手権

82「これを身につけていたら地雷系確定」選手権

83「ひとりっ子にしかわからないこと」選手権

84「幼稚園にいたやばいやつ」選手権

85「なんでバンドマンはダメだと知っておきながら好きになってしまうのか」選手権

86「なぜ小学校でシャーペンが禁止なのか？」選手権

87「今までした中で最悪の仕事やアルバイト」選手権
88「時間を戻せるなら取り消したいこと」選手権
89「誰が言っても噛んでしまう言葉」選手権
90「親が大酒飲みの人にしかわからないこと」選手権
91「修学旅行での三か条」選手権
92「教師たちの理不尽な言葉」選手権
93「クラスに1人はいるこいつだけは幸せになってくれ！」選手権
94「家族のグループラインあるある」選手権
95「病んでるときにかけてもらいたい言葉」選手権
96「小学校のときにいたマジのクズ」選手権
97「小学校の先生のイメージ」選手権
98「A型のイメージ」選手権
99「B型のイメージ」選手権
100「O型のイメージ」選手権
101「AB型のイメージ」選手権
102「親がスパルタだった人しかわからないこと」選手権
103「モラハラな彼氏あるある」選手権

104「メンヘラな彼女あるある」選手権
105「昔のテレビやば！って思った瞬間」選手権
106「結局最強のファミレスはどこ？」選手権
107「今日はいい夫婦の日なので夫婦といえばこのキャラクター！」選手権
108「めっちゃわかりにくい交差点や道路」選手権
109「線路の近く住む人にしかわからないこと」選手権
110「いちばん好きなアナウンサー」選手権
111「今年一番活躍した人は誰でしょう」選手権
112「子どもの頃、感動したやつ」選手権
113「老後過ごすならここが一番！って都市」選手権
114「今までの人生で最も綺麗だった場所」選手権
115「呼び名が地方によってバラバラなやつ」選手権
116「ちょうどいい田舎はどこ？」選手権
117「これは女子からのOKのサインってやつ」選手権
118「この名字、絶対読めない」選手権
119「今やったら許されない小学校のときやってたやつ」選手権

120「学校の先生に恋してる生徒あるある」選手権

121「男子校から共学の人たちへひと言」選手権

122「深夜2時あるある」選手権

123「そろばん習ってた人あるある」選手権

124「朝9時台あるある」選手権

125「学生時代の国語の授業で一番トラウマだった作品」選手権

126「小学校のときにこれをやって女子を泣かせてしまったってやつ」選手権

127「アラサーになったのでみなさんの老化を感じる瞬間」選手権

128「引きこもりが部屋から飛び出たくなる一言」選手権

129「『はい論破!』に対抗できる言葉」選手権

130「『攻め』の対義語は?」選手権

131「Instagramには書いたらダメでX(旧Twitter)には書いていいもの」選手権

132「義実家に行きたくない言い訳」選手権

133「『私、いくつに見える?』って言われて上手く返すにはどうしたらいいか」選手権

134「腐女子の口癖」選手権

135「酔ってやらかした経験」選手権

136「この人とは絶対旅行行きたくない」選手権

137「この人と友達やめようと思った瞬間」選手権

138「地球最後の日にやりたいこと」選手権

139「お母さんに内緒にしてること」選手権

140「メンヘラ彼女いた経験ある人にしかわからないこと」選手権

141「モラハラ彼氏いた経験ある人にしかわからないこと」選手権

142「テレビを見なくなった理由」選手権

143「ストーカー気質の人にしかわからないこと」選手権

144「SNSでこんな規制をすべき」選手権

145「陰キャにやめてほしいこと」選手権

146「陽キャにやめてほしいこと」選手権

147「『女が男になってやってみたいこと』は何か」選手権

148「女性が男性に内心思ってること」選手権

149「男性が女性に内心思ってること」選手権

150「こういう奴は地雷率が高い」選手権

151「見るだけでウンザリする四文字熟語」選手権

152「『これ、ほとんどの人が勘違いしてるだろうな』と思うこと」選手権
153「付き合いたくない男性の特徴」選手権
154「付き合いたくない女性の特徴」選手権
155「あ、この会社やばいって思った瞬間」選手権
156「あ、この学校やばいって思った瞬間」選手権
157「クラスにいる陰キャの行動パターン」選手権
158「家族に隠れてやってたこと」選手権
159「彼女が重度のオタクか見分ける質問」選手権
160「親のエロ本を見つけてしまったときの対処法」選手権
161「隠れナルシスト」選手権
162「ぶりっ子女の特徴を教えてください」選手権
163「男なら誰でも一度はすること」選手権
164「もっと給料をあげたほうがいい職業」選手権
165「あ、この人サイコパスだなと思った瞬間」選手権
166「漫画やドラマを見ていて、その展開はねーだろって思った瞬間」選手権
167「女の友情は怖いと思った瞬間」選手権
168「ひとり言がひどい人ガチ勢」選手権
169「今の日本の社会を一言であらわす」選手権
170「小さい頃イラついてたこと」選手権
171「百年の恋も覚めた瞬間」選手権
172「なんでも否定から入るやつ」選手権
173「しちゃいけない自慢」選手権
174「結婚式ケチったと思った瞬間」選手権
175「この税金は意味不明」選手権
176「友達に服がダサいことをやんわり言おう」選手権
177「バレンタインに貰ったチョコがまずかったことを傷つけずに伝える」選手権
178「ブサイクがイケメンに思うこと」選手権
179「あ、こいつ仮病だなって思った瞬間」選手権
180「一日中家に家族といてわかったこと」選手権
181「『お前が言うな!』ってやつ」選手権
182「日本人として誇りに思うこと」選手権
183「これ言ったら腐女子決定」選手権
184「ネットの友達とリアルで会った人しかわからないこと」選手権
185「人と焼肉食べててイラッとすること」選手権

186「あ！この人地雷系男子だ！って思った瞬間」選手権
187「父親に今だから言える隠してたこと」選手権
188「まじで下ネタ嫌いな人にしかわからないこと」選手権
189「女尊男卑を感じた瞬間」選手権
190「親の言う信用してはいけない言葉」選手権
191「アナログなままで良いもの」選手権
192「変えてほしい法律」選手権
193「付き合っていて、この人重いって思った瞬間」選手権
194「陰キャが心の中で思ってる、この人になら勝てる」選手権
195「お母さんに謝りたいこと」選手権
196「この世からなくなってほしいもの」選手権
197「飲み会で空気読めない人」選手権
198「いちばん正論言った人が優勝」選手権
199「結婚してはいけない人の特徴」選手権
200「この言葉使ってるやつ大体、厨二病」選手権
201「なんでこれが差別になるんだ！いい加減にしろ！ってやつ」選手権
202「レジ打ちでイラつく客」選手権
203「めっちゃマナー違反な寿司の食べ方」選手権
204「おじいちゃんにドン引きしたこと」選手権
205「さすがに過保護だろ！って思った瞬間」選手権
206「『それを言っちゃあ、おしまいよ』ってやつ」選手権
207「テレビがちゃんと伝えてほしいこと」選手権
208「これを身につけてたら意識高いってやつ」選手権
209「男から見たうざい女」選手権
210「そのマウント、ダサ！ってやつ」選手権
211「学校でこれやったら絶対に嫌われるやつ」選手権
212「いちばん気持ち悪いこと言った人が優勝」選手権
213「ガバガバすぎるアニメの設定」選手権
214「これ、まだ使ってる人いるの？」選手権
215「無慈悲だと思った瞬間」選手権
216「デート中彼女に幻滅した瞬間」選手権
217「好きな人にだけしちゃう行動」選手権
218「音漏れしてる人に間接的に伝える」選手権
219「この言葉に騙されてはいけない！ってやつ」選手権

220「紹介された友達の彼女が可愛くなかったときの優しいコメント」選手権
221「それ、わざわざ変える必要あった？」選手権
222「非リア充がテレビで隅田川の花火大会見て思ってそうなこと」選手権
223「煽ってるドライバーに一言」選手権
224「この人自分のこと好きなんじゃないかなと思った瞬間」選手権
225「この人とは別れようと思った瞬間」選手権
226「レベルが高すぎて理解できない芸術」選手権
227「あ、この人陰湿だなって思った瞬間」選手権
228「正論だけど言ってはいけないこと」選手権
229「ギリギリ許される性癖」選手権
230「彼氏と別れようと思っているので一番良い別れ方」選手権
231「今になって気づいた母の優しさ」選手権
232「体毛が濃くて嫌だったこと」選手権
233「こういう課金システムがあったら導入してほしい」選手権
234「『なんでここから手数料取るの？』って思った瞬間」選手権
235「『俺って嫌われてるかも？』って思う瞬間」選手権

236「『あ、この人家庭環境複雑なんだな』って思った瞬間」選手権
237「ほとんどの人が勘違いしていること」選手権
238「この人浅はかだな〜と思った瞬間」選手権
239「イメージ悪いけど実際会ったら良い奴だった芸能人」選手権
240「思ってたのと逆だった」選手権
241「X（旧ツイッター）に改善してほしいこと」選手権
242「お母さんに幻滅した瞬間」選手権
243「これは絶対許さないって思った瞬間」選手権
244「一人カラオケやって気づいたこと」選手権
245「ゲームやっててめっちゃ腹たったこと」選手権
246「嫌われてる人の特徴」選手権
247「好かれてる人の特徴」選手権
248「なんでも人のせいにする人あるある」選手権
249「このゆるキャラ失敗だろ…」選手権
250「社交辞令が伝わらない人あるある」選手権
251「『これやる意味ある？』ってやつ」選手権
252「『そのマナーいる？』ってやつ」選手権

253「『あ、この人の家、汚そうだな』って思った瞬間」選手権
254「テレビ界から消えそうで消えてない芸人」選手権
255「なんでこれ謝罪しなきゃいけないの？」選手権
256「異性からのLINEが急に遅くなったときの理由」選手権
257「インスタで追加してほしい機能」選手権
258「いまだに理解できない苦情」選手権
259「炎上覚悟でもの言った人優勝」選手権
260「冷静に考えたらとんでもない歌詞」選手権
261「深夜に食べるこの菓子最高」選手権
262「この効果音大好きってやつ」選手権
263「子どものとき好きだったキャラクター」選手権
264「Android使ってる人がiPhone使ってる人に対して思ってること」選手権
265「気が利かない人あるある」選手権
266「おっさんのやめていただきたい行動」選手権
267「自分ひねくれてるなあって思うとき」選手権
268「LINEグループを退会するときの言い訳」選手権

269「私が結婚しない理由」選手権
270「絶対に男が落ちる告白の仕方」選手権
271「テニス部で絶望した瞬間」選手権
272「オンライン授業で起きたトラブル」選手権
273「親が警察官の人にしかわからないこと」選手権
274「これしたら睡眠の質改善する」選手権
275「アップルウォッチ使ってる人しかわからないこと」選手権
276「これ方言だったの？」選手権
277「ケーキ屋で働いてる人しかわからないこと」選手権
278「農業高校とは」選手権
279「プレステの隠れた名作」選手権
280「東京の中で住みやすい場所はどこ？」選手権
281「ファミコンの隠れた名作」選手権
282「ディズニーの誰も気づいてなさそうな細かい設定」選手権
283「24時間テレビの誰も気づいてなさそうな細かい設定」選手権
284「LINEのBGMで『こいつ、やるな』と思わせるようなBGM」選手権
285「オタクとファンの定義とは？」選手権

286「保育士や介護士の給料をあげる方法」選手権
287「2月29日生まれにしかわからないこと」選手権
288「喫煙者・愛煙家ガチ勢」選手権
289「初めてのスタバに行くときに田舎者がやっとくといいこと」選手権
290「親が自衛隊の人しかわからないこと」選手権
291「サッカー部にしかわからない、これやられたらめっちゃ腹立つ」選手権
292「誰も知らないであろうマクドナルドに関する豆知識」選手権
293「コンビニで会計時のIDあるある」選手権
294「ガチで田舎に住んでる人にしかわからない野生動物あるある」選手権
295「意外と知らない宇宙の豆知識」選手権
296「サービス終了してしまって寂しいゲーム」選手権
297「田舎の人の休日の過ごし方」選手権
298「絶対に全クリできないゲーム」選手権
299「深夜コンビニバイトのあるある」選手権
300「友達になりたくないアニメキャラ」選手権
301「今年の紅白にこの人が出たら絶対見るってやつ」選手権
302「学校の先生が抱えてるストレス」選手権
303「アパレル店員がされたら嫌なこと」選手権
304「これから看護師になる人が知っておいたほうがいいこと」選手権
305「アニメと原作両方面白いアニメ」選手権
306「ゴミみたいなクソ音痴でも歌いやすい曲」選手権
307「ランニング中に聴くとテンションが上がる曲」選手権
308「記憶を無くしてもう一度見たいドラマ」選手権
309「子どもの教育のために見せるアニメや漫画」選手権
310「ヤマト、佐川などの配達員しかわからないつらさ」選手権
311「アニメが原作漫画を超えた良い例」選手権
312「神曲なのにカラオケに入っていない」選手権
313「完全に旬を逃したけど売れてほしい芸人」選手権
314「へーこんな仕事あるんだ」選手権
315「芸名だと思ってたらまさかの本名だった有名人」選手権
316「温泉・サウナ好きのみなさんにあったら嬉しいキャンペーン」選手権
317「この曲をこの歌手が歌ったら面白そう」選手権
318「アニメ史上最高の名脇役といえば？」選手権
319「島根、鳥取の位置の新しい覚え方」選手権

320「元総理大臣にしかわからないこと」選手権
321「ディズニーリゾート以外の千葉県のいいところ」選手権
322「食べ放題店員のガチ本音」選手権
323「運営がユーザーから愛されているスマホゲーム」選手権
324「野球の公式ルールが追加されるなら何がいいか」選手権
325「音大生あるある」選手権
326「今、中高生に人気の人は誰?」選手権
327「ジブリ作品の誰も気づいてなさそうな細かい設定」選手権
328「雪国生まれの人しかわからない苦労」選手権
329「偏差値70以上の高校にしかわからないこと」選手権
330「マンガ・アニメ史上最もお似合いのカップル」選手権
331「マンガ・アニメ史上最も性格の悪いキャラは誰?」選手権
332「え? これって地元だけだったの?っていうの」選手権
333「マンガ・アニメ史上最も熱かったバトル」選手権
334「ドラッグストアで働いている人しかわからないこと」選手権
335「関西で推せる地下アイドルの女の子」選手権
336「スターバックスでバイトしてる人しかわからないこと」選手権
337「ドラえもんの誰も気づいてなさそうな細かい設定」選手権
338「コンビニのアルバイトやってる人しかわからないこと」選手権
339「ジャパンカップはこの人の言うこと聞け」選手権
340「スーパーのレジやってる人しかわからないこと」選手権
341「ジブリパーク行ったらこれ食べろ」選手権
342「この曲は本家じゃないとだめだ」選手権
343「ディズニー行ったらこれ食べろ」選手権
344「結局最終的に一番うまい冷凍食品はこれ」選手権
345「結局最強のダウンジャケットはこれ」選手権
346「俳優で名脇役と言ったらこの人!」選手権
347「YouTuberの本音」選手権
348「めっちゃ感動するディズニーの話」選手権
349「おすすめのラジオ番組」選手権
350「東京に来た関西人にしかわからないこと」選手権
351「webデザイナーにしかわからないこと」選手権
352「コンタクト付けている人しかわからないこと」選手権
353「復活してほしいコンビニ」選手権

354「見る前と後で印象が違いすぎる漫画や小説」選手権
355「このコラボカフェやったら絶対行くってやつ」選手権
356「ドラゴンボールの誰も気づいてなさそうな細かい設定」選手権
357「この人の描く女の子可愛いすぎ」選手権
358「歯の矯正してる人あるある」選手権
359「秋葉原から真のオタクが居なくなった理由」選手権
360「クラスに1人はほしいアニメキャラ」選手権
361「『あ、この人東北の人だな』って思った瞬間」選手権
362「筋トレのやる気が湧き上がる名言」選手権
363「夜勤やってる人が内心思ってること」選手権
364「本物の京都人にしかわからないこと」選手権
365「夏休みに学校の先生は何やってるか」選手権
366「本気のディズニー名曲」選手権
367「甲子園に出た人にしかわからないこと」選手権
368「これぞ日本が誇るアニメの名ゼリフ」選手権
369「バドミントン部にしかわからないこと」選手権
370「田舎暮らしの人しかわからない野生昆虫あるある」選手権

371「あ、この人北陸地方出身だなって思った瞬間」選手権
372「競馬ファンにしかわからないこと」選手権
373「え！これ手動だったの？ってやつ」選手権
374「薄い本をわかりやすく説明する」選手権
375「意味不明なクレーム」選手権
376「ドラゴンクエストから学んだこと」選手権
377「初音ミクから学んだこと」選手権
378「カレーガチ勢にしかわからないこと」選手権
379「EXILE系のファンの特徴」選手権
380「本名を知ったときめちゃくちゃビックリした芸能人」選手権
381「不遇な扱いをされているアニメキャラ」選手権
382「半沢直樹見てるサラリーマンが内心思ってること」選手権
383「数学ガチ勢はこの数字に反応するってやつ」選手権
384「自称進学校の教師にありがちなこと」選手権
385「え？この名前の由来ってここから来てんの⁉ってやつ」選手権
386「え？この人この映画に出てたの⁉」選手権
387「コラボしてほしいアニメ」選手権

388「卓球部にしかわからないイラッとしたこと」選手権
389「絶対音感の人にしかわからないこと」選手権
390「アニメの中のベストカップル」選手権
391「前奏が良い曲」選手権
392「今、女子に大人気のブランド」選手権
393「今、この曲聞いてたらモテるってやつ」選手権
394「理数系の花火デートあるある」選手権
395「結局最強の温泉はここってやつ」選手権
396「コンビニの肉まん類で最強はコレ」選手権
397「アウトロが神すぎる曲」選手権
398「ジブリから学んだこと」選手権
399「いちばんカッコいい仮面ライダー」選手権
400「犬と猫、飼ったときの違い」選手権
401「まだ5巻以下の最高に面白い漫画」選手権
402「ディズニーの裏話」選手権
403「ゲームセンターの店員が客に思ってること」選手権
404「応援したくなるアイドルはどんな子」選手権

405「クリアが死ぬほど難しいゲーム」選手権
406「ちびまる子ちゃんから教わったこと」選手権
407「相対性理論を幼稚園児にわかりやすく説明する」選手権
408「結局のところ、日本一の高校はどこなのか」選手権
409「なんで卒業しちゃったんだよ！って人」選手権
410「原付乗ってる人にしかわからないこと」選手権
411「え？この曲ってこの人が作ってたの？ってやつ」選手権
412「音痴で悩んでます！音痴の人あるある」選手権
413「電話嫌いな人にしかわからないこと」選手権
414「タバコの臭い嫌いな人ガチ勢」選手権
415「方向音痴ガチ勢にしかわからないこと」選手権
416「音痴の人あるある」選手権
417「運転が下手な人しかわからない」選手権
418「目が悪い人にしかわからないこと」選手権
419「考えすぎの人あるある」選手権
420「1人でいるのが好きな人しかわからないこと」選手権
421「人見知りにしかわからないこと」選手権

422「三半規管弱い人にしかわからない」選手権
423「彼女いたことがない人しかわからないこと」選手権
424「結婚しない理由」選手権
425「親と仲悪い人しかわからないこと」選手権
426「眠れない人しかわからないこと」選手権
427「友達いない人しかわからないこと」選手権
428「彼女いない歴＝年齢の人あるある」選手権
429「人前でしゃべるの苦手な人しかわからないこと」選手権
430「心折れやすい人しかわからないこと」選手権
431「英語ガチでできない人しかわからないこと」選手権
432「記憶すぐなくす人しかわからないこと」選手権
433「夏が一番嫌いな人にしかわからないこと」選手権
434「乗り物酔いする人にしかわからないこと」選手権
435「返信遅い人あるある」選手権
436「こちょこちょ無理あるある」選手権
437「人間関係疲れたガチ勢」選手権
438「めっちゃリズム感ない人にしかわからないこと」選手権

439「お腹が弱い、崩しやすい人にしかわからないこと」選手権
440「数字好きにしかわからないこと」選手権
441「味覚オンチガチ勢」選手権
442「泣き虫あるある」選手権
443「ガチで忘れ物多い人」選手権
444「ガチで滑舌悪い人」選手権
445「寿司食べれない人にしかわからないこと」選手権
446「自分に音楽のセンスがないと気づいたとき」選手権
447「泳げない人しかわからない」選手権
448「体育が苦手な人しかわからないこと」選手権
449「もの忘れがひどい人にしかわからない」選手権
450「怖い話苦手な人しかわからないこと」選手権
451「よく鍵をなくす人しかわからないこと」選手権
452「敬語が苦手な人にしかわからない」選手権
453「花粉症の人にしかわからないこと」選手権
454「美術ができない人しかわからないこと」選手権
455「重度の暑がりにしかわからないこと」選手権

456「男子と話せない女性しかわからないこと」選手権
457「失神したことある人しかわからないこと」選手権
458「猫舌あるある」選手権
459「会食恐怖症にしか理解できないこと」選手権
460「野菜食べれない人の苦労」選手権
461「後片付けできない人しかわからない苦労」選手権
462「仕事ができない人あるある」選手権
463「めっちゃ雑な人しかわからないこと」選手権
464「時間にルーズな人にしかわからないこと」選手権
465「部屋が汚ない人にしかわからないこと」選手権
466「偏頭痛の人しかわからないこと」選手権
467「めっちゃ涙もろい人しかわからないこと」選手権
468「本当に字が汚い人にしかわからないこと」選手権
469「理科苦手ガチ勢にしかわからないこと」選手権
470「チーズ嫌いな人にしかわからないこと」選手権
471「少食の人にしかわからない」選手権
472「金銭感覚がおかしい人あるある」選手権
473「下ネタガチで無理な人」選手権
474「陰キャがいつも思ってること」選手権
475「ガチのニートにしかわからないこと」選手権
476「自己肯定感めちゃ低い人あるある」選手権
477「字下手な人あるある」選手権
478「『彼氏いない歴＝年齢』の人あるある」選手権
479「部活で2軍の人にしかわからないこと」選手権
480「陰キャ女子にしかわからないこと」選手権
481「失神したことある人しかわからないこと」選手権
482「10年前の自分に一言」選手権
483「浪人生にしかわからないこと」選手権
484「小さい頃の自分に伝えたいこと」選手権
485「財布なくしたことある人しかわからないこと」選手権
486「お姉ちゃんにこれ言ったらブチギレられた」選手権
487「私はこれが原因で音楽の授業が大嫌いになった」選手権
488「年末ぼっちあるある」選手権
489「私はこれをやって親にがっつり怒られたってやつ」選手権

490「潔癖症の人しかわからないこと」選手権
491「3年前の自分に伝えたいこと」選手権
492「今年不運だったなと思うエピソード」選手権
493「帰宅部だった人にしかわからないこと」選手権
494「潔癖症の外出先での行動」選手権
495「背が高い人しかわからない苦労」選手権
496「成人式をひとりで過ごす言い訳」選手権
497「血液型占いでボロクソに言われているB型のいいところ」選手権
498「被害妄想が激しい人にしかわからないこと」選手権
499「大晦日が誕生日な人あるある」選手権
500「何気ないひと言で傷ついた」選手権
501「感情的になってしまう人あるある」選手権
502「一重の人しかわからない苦労」選手権
503「プロのデブにしかわからないこと」選手権
504「非リアがリア充に一言」選手権
505「デブになってよかったこと」選手権
506「自称進学校が進学校に言いたいこと」選手権

507「すぐ顔が赤くなる人にしかわからないこと」選手権
508「親がめっちゃ厳しい人しかわからないこと」選手権
509「自分ってマザコンだなぁって思ったこと」選手権
510「いちばん理不尽なエピソード」選手権
511「器用貧乏な人にしかわからないこと」選手権
512「美人な人見てから自分を見てとてつもなく悲しくなったときの対処法」選手権
513「手が湿ってる人あるある」選手権
514「なで肩の人にしかわからないこと」選手権
515「ガキの頃モテると思って身につけてたもの」選手権
516「恋愛経験ゼロの人にしかわからないこと」選手権
517「すごく間違えて解釈してたこと」選手権
518「めっちゃ暗い人にしかわからないこと」選手権
519「子どもに言われて死にたくなった一言」選手権
520「目つき悪くて苦労したこと」選手権
521「デブにしかわからない苦労」選手権
522「高校途中で辞めた人しかわからないこと」選手権

523「授業中お腹が鳴ってしまったときの対処法」選手権
524「母親から言われたゾッとした言葉」選手権
525「女性から『私と仕事、どっちが大切なの⁉』と言われたときの正解」選手権
526「怖い親の元に生まれたあるある」選手権
527「知り合いだと思って声をかけたら、まったく知らない人だったときの言い訳」選手権
528「嫁と姑のバトルをやめさせる方法」選手権
529「『それ、一口ちょうだい！』と言われたときにあげなくて済む言い方」選手権
530「究極に意味深なLINEの一言」選手権
531「成人が18歳になって困ること」選手権
532「部活で経験したこれは理不尽すぎるだろ」選手権
533「彼女と花火大会に行ったのはいいが、雨天中止になってしまったときの打開策を考える」選手権
534「歴史上の人物のやばいエピソード」選手権
535「胸に刺さるYouTuberの名言」選手権
536「いちばんすごい都市伝説言った人が優勝」選手権

537「コロナ禍が終わっても無くさなくていいもの」選手権
538「とりあえず泣ける話した人が優勝」選手権
539「外国人が理解できない日本のこと」選手権
540「これ日本が発祥だったの⁉」選手権
541「おじいちゃんやおばあちゃんから教わったすごくタメになること」選手権
542「鳥肌たった伏線回収」選手権
543「思わず泣いてしまった友人からの言葉」選手権
544「自然に『ンゴ』言う」選手権
545「自然に『たばた』言う」選手権
546「海外の方々が困惑or混乱するような日本語」選手権
547「読み方がまったく一緒なのに意味が真逆の言葉」選手権
548「令和版調味料の『さしすせそ』」選手権
549「『男女間の一線は超えてない』の一線とは何か？」選手権
550「推しと好きの違いをわかりやすく説明する」選手権
551「『雪見だいふく1個ちょうだい』より許せないこと」選手権
552「ディズニーとUSJの違い」選手権
553「『友達以上恋人未満』の新しい言い方」選手権

554「レフトとライトのいい覚え方」選手権

555「世界一わかりやすくオフサイドを説明」選手権

556「野球の『ボーク』をわかりやすく説明する」選手権

557「今の日本の年金の状況をわかりやすく説明する」選手権

558「横浜の人が神奈川出身と言わずに横浜ですと言い切る現象に名前をつけよう」選手権

559「町田市は神奈川県、埼玉県民のホームは池袋、千葉県民のホームは上野、北海道民のホームは羽田空港、こうゆうの募集」選手権

560「将棋のルールをわかりやすく説明する」選手権

561「衆議院と参議院の違いをわかりやすく説明する」選手権

562「『影』と『陰』の違いを説明する」選手権

563「大阪人が『面白いことやって』って言われるハラスメントの名前つけて」選手権

564「『1人はみんなのために。みんなは1人のために』みたいなことを言おう」選手権

565「おばあちゃんにWi-Fiを上手く伝える方法」選手権

566「実家に帰省すると家族が食べさせてくる行為に名前つけて」選手権

567「ゼクシィ『結婚しなくても幸せになれるこの時代に、私は、あなたと結婚したいのです』みたいなことを言おう」選手権

568「ツイッターがエックスに変わったので『ツイートする』の新しい言い方は？」選手権

569「パスタとスパゲッティの違いがよくわかる説明」選手権

570「陰キャと陽キャの間の名前」選手権

571「『ちょいブス』に代わる言葉」選手権

572「『エモい』って結局どういう意味なのか」選手権

573「恋と愛の違いを説明して」選手権

574「自分の理想の葬儀」選手権

575「絶対子どもが増える少子化対策」選手権

576「歯ブラシにあったらいい新機能」選手権

577「満員電車の解消方法」選手権

578「いくら可愛い子でもデート中にコレしたら別れる」選手権

579「若者に選挙行かせる方法」選手権

580「自分に子どもが生まれたらこんな名前付ける」選手権

581「クラブハウス（音声アプリ）が衰退した理由は？」選手権

582「卒業式にこの人がサプライズで来たら絶対泣くってやつ」選手権

583「修学旅行にスマホを持っていきたいのですが、先生にバレない方法」選手権

584「親にバイトOKさせる言い訳」選手権
585「涙が透明な理由」選手権
586「洗濯機にほしい新機能」選手権
587『働いたら負け』を上回るニートに勇気を与える名言」選手権
588「高齢者に車の運転を辞めさせる言葉」選手権
589「学内で自転車の盗難に遭わないための方法」選手権
590「スマホ依存症の直し方」選手権
591「指紋認証、顔認証の次の認証システム」選手権
592「誰からもバレンタインチョコもらえない人に勇気を与える言葉」選手権
593「100年後、人工知能と戦っても人間が勝てること」選手権
594「外国人が覚える必要のない日本語」選手権
595「この曲聞いたらカップルの雰囲気が絶対よくなる」選手権
596「昼夜逆転生活の解消法」選手権
597「最高のプロポーズ」選手権
598「クリスマスを1人で過ごすのに、『リア充のカップル達の為に夜景を作っている』を上回る切ない言い訳」選手権
599「台風でLIVEが中止になったときの気持ちの切り替え方」選手権
600「地球温暖化防止するための方法」選手権
601「渋谷のハロウィンのゴミをなくす方法」選手権
602「幼馴染に告白して振られたときどうすればいいですか?」選手権
603「トイレに欲しい新機能」選手権
604「ココから税金を徴収したら日本はよくなるのに」選手権
605「人生やり直せるなら何才からがいいか」選手権
606「男性アイドルだけの理想の内閣」選手権
607「この国のトップになってほしいアニメ、漫画のキャラクター」選手権
608「すごく落ち込んだときすぐ元気になる言葉」選手権
609「アルファベット3文字でカッコいいこと言ってください」選手権
610「いちばん論点ずらした人が優勝」選手権
611「受験生が言われて一番嬉しい言葉」選手権
612「髪切ってるときの店員から振られるムダな世間話のうまい避け方」選手権
613「勘違いナルシストの心を一瞬にしてへし折る一言」選手権
614「テスト勉強をしていないと言って毎回高得点を取る奴に二度と嘘を言えなくさせる一言」選手権

ボケを引き出すお題

615「『ちゅ！可愛くてごめん』みたいなこと言おう」選手権
616「『車を売るならビッグモーター♫』みたいなこと言おう」選手権
617「ツイッターがエックスに変わったので『ツイ廃』の新しい言い方は？」選手権
618「史上最悪な替え歌は何か」選手権
619「交通系ICカードでありそうな名前」選手権
620「『効いたよね、早めのパブロン』みたいな響きのもの」選手権
621「『喉が痛い、熱が出た、狙い撃ち！』みたいなこと言おう」選手権
622「『はかたのしお！』みたいなこと言おう」選手権
623「『本を売るならBOOKOFF』みたいなこと言おう」選手権
624「『報告・連絡・相談』みたいなことを言う」選手権
625「『USB』って何ですか？」選手権
626「『そして輝くウルトラソウル』みたいなこと言おう」選手権
627「『月に代わってお仕置きよ』みたいなこと言おう」選手権
628「『四月は君の嘘』みたいな言葉」選手権
629「『荒井由美→ユーミン→松任谷由実』みたいなことを言おう」選手権
630「『泣かぬなら〇〇〇〇〇〇ほととぎす』を埋めよ」選手権
631「『一富士、二鷹、三茄子』みたいなこと言おう」選手権
632「うっせぇうっせぇうっせぇわ あなたが〇〇〇…を埋めてください」選手権
633「およげ！たいやきくんの『毎日毎日〇〇〇〇』を埋めてください」選手権
634「『ポーニョポーニョ ポニョさかなのこ♪』みたいなことを言おう」選手権
635「『もーいーくつ寝るとーお正月ーお正月には〇〇〇…遊びましょう♪』を埋める」選手権
636「『北海道はでっかいどー』に代わる別のキャッチフレーズ」選手権
637「『桃栗三年、柿八年』みたいなこと言おう」選手権
638「ありそうなタバコの名前」選手権
639「『レッド・ホット・チリ・ペッパー』みたいなこと言おう」選手権
640「『時すでにお寿司』みたいなこと言おう」選手権
641「エロく聞こえるけどエロくない」選手権
642「小林製薬の商品の名前にありそうなもの」選手権
643「フランス語っぽく言えば怒られない悪口」選手権

644「面白い隠語」選手権
645「いちばんしょーもないダジャレを言った人が優勝」選手権
646「ゴルフで危険球が飛んだとき『ファー』と言うんですが『ファー』に飽きました。なので『ファー』に変わる合図を教えてください」選手権
647「昭和レトロ・大正モダン・明治ハイカラ。平成は何になるか」選手権
648「『あけましておめでとう』に変わる新たな新年の挨拶」選手権
649「『カーモンベイビーアメリカ』的なもの」選手権
650「CMでお馴染みの『こんばんワニ』や『いただきマウス』などの類義語」選手権
651「傘が盗まれない方法」選手権
652「インコが覚えたら大変な言葉」選手権
653「もし富士山がX(旧Twitter)やってたら」選手権
654「ミッキーマウスの本音」選手権
655「ラップ歴の浅い高校生ラッパーが言いそうなこと」選手権
656「『小3のショウさんが硝酸を称賛』みたいなことを言おう」選手権
657「ボカロって何の略?」選手権
658「強引に作ったダジャレ」選手権
659「釈迦釈迦ポテト、仏ーキ(ホットケーキ)に続く仏教系の食べ物の名前」選手権

660「Xを閉じた直後にXを開いてしまう現象に名前をください」選手権
661「米津玄師を英語で表したらどうなるか」選手権
662「『東方神起』を英訳してみよう」選手権
663「『どこ中?』と聞かれたときのいい返し方」選手権
664「本気と書いてマジと読むみたいな他のやつ」選手権
665「HKT48は博多ではなく何の略か?」選手権
666「帰宅部のかっこいい別名」選手権
667「『PDF』とは何の略か」選手権
668「リボ払いの『リボ』とはなんなのか」選手権
669「『GW』とはなんの略か」選手権
670「昔は『高身長』『高学歴』『高収入』がモテていたそうですが今の時代の3高は何か」選手権
671「アナログってなんの略?」選手権
672「誰がうまいこと言えと言った」選手権
673「普段大声出してる高校球児に混じって叫んでもバレなさそうな一言」選手権
674「SOSはなんの略語か知りたい」選手権
675「TPPって何ですか?」選手権

676「『何カップ?』と聞かれたときのおもしろい返し方」選手権
677「『ASMR』はなんの略か教えて」選手権
678「国名でダジャレ」選手権
679「英訳したら変になるもの」選手権
680「『いきなり！ステーキ』の対義語」選手権
681「女性がトイレに行くことを『お花を摘みに行く』と言いますがその男性バージョン」選手権
682「初めてのデートのカラオケでこれ歌われたら冷めるってやつ」選手権
683「こんなコミケは嫌だ」選手権
684「こんな給食は嫌だ」選手権
685「『紅白歌合戦』の対義語」選手権
686「こんな除夜の鐘は嫌だ」選手権
687「ドラえもんのひみつ道具でありそうでないもの」選手権
688「『進撃の巨人』の対義語」選手権
689「『友達100人できるかな』の対義語」選手権
690「『そうだ、京都へ行こう』的なキャッチフレーズを魅力度ランキング最下位の茨城県にもください」選手権
691「一休に虎を屏風から出してくださいと言われたときの綺麗な返し方」選手権
692「『びっくりドンキー』の対義語」選手権
693「こんなおばあちゃんは嫌だ」選手権
694「『インド人もびっくり』の対義語」選手権
695「『結婚しなくても幸せになれるこの時代に、私は、あなたと結婚したいのです』の対義語」選手権
696「スタバでこんなメッセージ書かれるのは嫌だ」選手権
697「『約束のネバーランド』の対義語」選手権
698「『翔んで埼玉』の対義語」選手権
699「『広瀬すず』の対義語」選手権
700「それの男性バージョンだったら絶対炎上するってやつ」選手権
701「モンスターハンターでいそうでいないモンスター」選手権
702「『ステラおばさんのクッキー』の対義語」選手権
703「ジョジョで出てきそうで出てこないセリフ」選手権
704「『世界の果てまでイッテQ』の対義語」選手権
705「こんな『太鼓の達人』は嫌だ」選手権
706「『彼ピッピ』の彼女版の言い方」選手権

707「『愛は世界を救う』の対義語」選手権
708「『鳥人間コンテスト』の対義語」選手権
709「ありそうでない部活」選手権
710「いそうでいないYouTuber」選手権
711「ありそうでない四字熟語」選手権
712「ありそうでない干支」選手権
713「こんな銀行は嫌だ」選手権
714「『夢をかなえるゾウ』の対義語」選手権
715「卓球部の先輩に地味な嫌がらせ」選手権
716「『傷口に塩を塗る』の対義語」選手権
717「『キングダム』の対義語はなんでしょう」選手権
718「退学をポジティブな言い方する」選手権
719「絶対に振られる告り方」選手権
720「『ふるさと納税』の対義語」選手権
721「いそうでいない恐竜の名前」選手権
722「ポケモンGOの対義語」選手権
723「漢字+カタカナで椎名林檎の曲名っぽい言葉を作ってください」選手権

724「江戸時代に米津玄師がいたら出しそうな曲のタイトル」選手権
725「現代版人生ゲームにありがちなこと」選手権
726「深そうで深くない言葉」選手権
727「みつをが言わなそうな言葉」選手権
728「今みつをがいたらなんと言ってるか」選手権
729「村上春樹が高校サッカー決勝の解説だったら言いそうなこと」選手権
730「村上春樹がコンビニの店員だったら」選手権
731「滝沢カレンが卒業式の式辞で言いそうなこと」選手権
732「滝沢カレンが駅伝の解説でいいそうなこと」選手権
733「水曜日のダウンタウンがやりそうでやらない企画」選手権
734「西野カナが戦国時代にいたら」選手権
735「本田圭佑が医者をやっていたら」選手権
736「槇原敬之がコンビニの店員だったら」選手権
737「米津玄師がナメック星にいたらどんな詩を書くのか」選手権
738「『見ろ！人がゴミのようだ！』みたいなこと言おう」選手権
739「エヴァンゲリオンの使徒にありそうな名前」選手権
740「あいみょんが江戸時代にいたらどんな歌詞を書くか」選手権

741「江戸時代にアンパンマンがいたら」選手権
742「江戸時代にありそうな文春砲」選手権
743「江戸時代に椎名林檎がいたら出しそうな曲」選手権
744「名言を台無しにしよう」選手権
745「国会議員がバンドを組んだらどうなるか」選手権
746「河野太郎がコンビニの店員だったら」選手権
747「のぞみより速い新幹線の名前」選手権
748「『飛べない豚はただの豚』的なこと言ってください」選手権
749「ひろゆきが言いそうで絶対言わないこと」選手権
750「次回作『ポケットモンスター〇〇&〇〇』を考えよう」選手権
751「みんなで新しい競走馬の名前を考えよう」選手権
752「存在しそうだけど実際にはいないポケモン」選手権
753「クレヨンしんちゃんでありそうなタイトル」選手権
754「違和感のない都道府県名」選手権
755「武井壮が倒せないもの」選手権
756「なぜ、TOKIOはアイドルを副業にし、農業を本業にしたのか」選手権
757「アキラ100%が隠しきれない物」選手権
758「『諦めたらそこで試合終了ですよ』と同じような言葉教えてください」選手権
759「いそうでいない仮面ライダー」選手権
760「『私のことは嫌いになってもAKB48のことは嫌いにならないでください』みたいなことを言おう」選手権
761「江戸時代にありそうな〇〇坂46」選手権
762「こんなミュージックステーションは嫌だ」選手権
763「ナルシストのみつをが言いそうなこと」選手権
764「ありそうでないバンド名」選手権
765「ありそうでないお菓子」選手権
766「彦摩呂さんがガチでまずい料理を食べたときの反応」選手権
767「コナンが学校の先生だったら」選手権
768「天才だと思ったポケモンのニックネーム」選手権
769「江戸時代にありそうなジブリ作品」選手権
770「ガンジーでも助走つけて殴るレベルみたいなこと言おう」選手権
771「人生は紙飛行機とはつまりどういうことか」選手権
772「歯医者で頭におっぱいが当たる現象に名前をつけよう」選手権
773「幼稚園児に『円高ドル安』をわかりやすく説明した人が優勝」選手権

774「便所でメシを食うな食堂でウンコするぞみたいなこと言おう」選手権
775「『お前の母ちゃんでべそ』に代わる現代版」選手権
776「『その計算しちゃダメ！』ってやつ」選手権
777「ありそうでない、日本酒の名前」選手権
778「フォローされてフォロバした瞬間にフォロー解除される現象に名前つけて」選手権
779「テストが回収された瞬間に答えを思い出す現象に名前つけて」選手権
780「10人に1人くらいがわかること」選手権
781「自分の好きなアーティストやグループが人気になると嫌悪感を抱く現象に名前をつけて」選手権
782「理系男子は点Pに乗って通学してそうなら文系男子は何に乗って通学しているか」選手権
783「『猿も木から落ちる』『弘法も筆の誤り』的な創作ことわざ」選手権
784「ダウンロードの99％から100％までが長い現象に名前」選手権
785「速度制限が来た日の名前」選手権
786「宝くじで7億円当てる確率をわかりやすく例えよう」選手権
787「パチンコやスロットで負けた後の飯ほど贅沢する現象に名前をつけて」選手権
788「『天は人の上に人をつくらず、人の下に人をつくらず』みたいなこと言おう」選手権
789「『受験は団体戦』の意味をわかりやすく説明しよう」選手権
790「『人生はシャボン玉』とはつまりどういうことか」選手権
791「『パンが無ければお菓子を食べればいいじゃない』的なことを言おう」選手権
792「『豆腐の角に頭ぶつけて死ね』の類義語」選手権
793「『午後の紅茶を午前に飲む』レベルの重罪」選手権
794「次に来そうな『池の水ぜんぶ抜く』みたいな企画を考えよう」選手権
795「この漢字あれに見える」選手権
796「日本人が電話中にお辞儀をしてしまう現象の名前が知りたい」選手権
797「別れたカップルがSNSでの投稿を消す現象に名前をつけて」選手権
798「台風なのに自称進学校だけ休校にならない現象は何というか」選手権
799「『出た杭は打たれるが出すぎた杭は打たれない』みたいなことを言おう」選手権
800「友達に貸した金が帰ってこない現象に名前つけて」選手権
801「テスト期間中にSNSの投稿率が上がる現象に名前つけて」選手権
802「『そば屋のカツ丼はおいしい』みたいな言葉」選手権
803「浪人生という言葉が古くさいのでもっとポジティブな言い方」選手権
804「道路を渡るときに右を2回見る理由」選手権
805「女性がトイレに行くことを『お花を摘みに行く』と言いますが、他の言い方」選手権

806「風呂上がりだけイケメンになる現象」選手権
807「お通しが一番おいしかったみたいな言葉」選手権
808「『世界観が360度変わった』みたいなことを言う」選手権
809「『便所でタバコ吸うな喫煙所でウンコするぞ』みたいなこと言おう」選手権
810「『棚からぼた餅』の類義語」選手権
811「最近飲み物を透明にするのが流行っていますが、次に透明になるのはなんでしょう」選手権
812「老人ホームという呼び方が不謹慎らしいので、別の呼び方」選手権
813「『何時何分何秒地球が何回周ったとき?』の秀逸な返し方」選手権
814「クリスマスにイチャイチャしてるカップルに地味な嫌がらせ」選手権
815「女装してるお父さんとバッタリ会ったときの正しい対処法」選手権
816「バレンタインチョコもらった気分になれる方法」選手権
817「あの世でSNSがあったらつぶやきそうなこと」選手権
818「遅刻の言い訳」選手権
819「YouTuberだらけの紅白歌合戦はどうなるか」選手権
820「軽自動車に軽油を入れさせない方法」選手権
821「こんな保険あったら絶対入る!ってやつ」選手権
822「路上駐車を辞めさせる方法」選手権
823「ギャンブルを辞める方法」選手権
824「どうしたら視聴率100%とれるか」選手権
825「恋人がいるような錯覚になる方法」選手権
826「ぼっちの人はハロウィン何してるか」選手権
827「『年越しボッチ』にならないようにする方法」選手権
828「のび太が塾講師だったらどんな言葉をかけてくれるか」選手権
829「四国にプロ野球球団を作るならどんな名前がいいか」選手権
830「花粉を撲滅する方法」選手権
831「台風なのにブラック企業が休みにならない現象は何というか」選手権
832「もし新潟が首都だったらどうなるか」選手権
833「こんな花火は嫌だ」選手権
834「なぜ、犬のことをイッヌというのでしょうか」選手権
835「なんでそうめんを流すのか」選手権
836「トイレにトイレットペーパーがなかったときの対処法」選手権
837「縄文時代にヒットした映画」選手権
838「九州はなぜ7つしか県がないのに九州なのか」選手権

839「サンタクロースのこれだけは誰にも言えない秘密」選手権
840「無人島に漂流したとき、叫びたいこと」選手権
841「なんで埼玉県だけ県庁所在地が『さいたま市』と平仮名なのか」選手権
842「そこまでAIにされたら困る」選手権
843「嵐が保育園先生をやったらどうなるか」選手権
844「オタクがしょってるリュックの中には何が入ってるか」選手権
845「2ちゃんねらーが教師になったらどうなるか」選手権
846「6月に祝日がないので6月に祝日作るなら何の日がいいか」選手権
847「こんなエープリルフールは嫌だ」選手権
848「カニカマをカニだと思ってる人にカニじゃないと傷つけずに教える」選手権
849「コンビニの店員に好かれる行動」選手権
850「国会議員がマクドナルドの店員だったら」選手権
851「ブランドの『niko and…』の『…』の部分の続き」選手権
852「9月入学になったらいろいろどうなるか」選手権
853「もし現代に夏目漱石が生きていたら『月が綺麗ですね』の代わりに何と言っていたか」選手権
854「トナカイが内心思ってること」選手権
855「史上最低な告白の仕方」選手権
856「縄文時代の腐女子にありがちなこと」選手権
857「ひろゆきがコールセンターのアルバイトやってたら」選手権
858「こんなジブリパークは嫌だ」選手権
859「手術中に流されると嫌な音楽」選手権
860「自称進学校の教員が言いそうなセリフ」選手権
861「餅を食べたいと言ってるお年寄りになんと言ったら諦めてくれるか」選手権
862「どんな市長だったら成人式で若者がステージに乱入してこないか」選手権
863「駆け込み乗車、挟み込み乗車をやめさせる文言」選手権
864「ルール1つだけ変えてクソスポーツにさせる」選手権
865「サグラダファミリアが完成するまでに足りないもの」選手権
866「ウルトラマンが3分しか戦えない本当の理由」選手権
867「100年後の幽霊はどんなだ?」選手権
868「なぜデブの幽霊がいないのか」選手権
869「体育祭の新しい競技考えてほしい」選手権
870「なぜ静岡に新幹線の『のぞみ』が止まらないのか」選手権
871「夏休みが終わらない方法を教えてください」選手権

872「5000兆円あってもギリギリ買えないもの」選手権

873「幽霊だらけのサッカー大会でありがちなこと」選手権

874「ギリギリ許せるキラキラネーム」選手権

875「もし突然ゾンビが現れたらどうするか」選手権

876「『君の名は。』の、こんなハリウッド実写化は嫌だ」選手権

877「衆議院解散宣言時の『万歳』に代わる言葉」選手権

878「広辞苑にしれっと混ざってても違和感なさそうな用語」選手権

879「年末ジャンボで10億当たったら何をしたらいいか」選手権

880「100年後のYouTuberがやりそうなこと」選手権

881「動物園の動物たちがX（旧Twitter）をやっていたら」選手権

882「なぜ『ねこ』のことを『ぬこ』と言うのか」選手権

883「陰キャが100人無人島に送り込まれたらどうなるか」選手権

884「200年前の人が現代の生活を見て言いそうなこと」選手権

885「『東京ばな奈』の『見ぃつけたっ』は何を見つけたんですか？」選手権

886「もし週刊老人ジャンプがあったら」選手権

887「コンビニ強盗がすぐ引き返した理由は？」選手権

888「地味な仕返し」選手権

889「ディズニーシーのタートルトークでしてはいけない質問」選手権

890「『サンタさんはいるの？』って子どもに言われたらなんて答えたらいいか」選手権

891「お年玉の逃げかた」選手権

892「新しいクラスでぼっち回避するためにはどうすればいいか」選手権

893「懲役5分くらいの罪」選手権

894「サンタクロースが内心思ってること」選手権

895「布袋を『ぬのぶくろ』と言ってる人に傷つけずに『ほてい』と伝える」選手権

896「彼女の鼻毛が出てるのを傷つけずに気づかせる」選手権

897「親からこれからどうするの？就職どうするの？と聞かれたときのごまかし方」選手権

898「彼女が屁をこいてしまったときの紳士な対処法」選手権

899「アイドルはいつ屁をこいてるか」選手権

900「彼女とデート中に彼女がうんこ踏んだときの紳士な対処法」選手権

901「目上の人の前で使っちゃいけない言葉」選手権

902「いちばんAIっぽいこと言った人が優勝」選手権

903「いちばん厨二病っぽいこと言った人が優勝」選手権

904「相手が喧嘩する気なくす最強の威圧の仕方」選手権

905「いちばんナルシストっぽいこと言った人が優勝」選手権

906「居酒屋のキャッチに絡まれたときのうまい断り方」選手権

907「カツラがズレていることを相手を傷つけずに知らせる」選手権

908「履歴書の受賞の欄にギリギリ書けそうなこと」選手権

909「フォロー外からリプライしたときの面白い挨拶を考えよう」選手権

910「30歳まで童貞でいたら魔法使いになれるそうですが、具体的にどんな魔法が使えるのか？」選手権

911「彼女が言ったらドン引きのダジャレ」選手権

912「胸を張って言っちゃいけないこと」選手権

913「投稿内容より強力で面白かった、最強のペンネーム、ラジオネーム、ハンドルネーム」選手権

914「数学者ならどんな告白をするか」選手権

915「三代目J Soul Brothersがマックの店員だったら」選手権

916「おばあちゃんにコミケをわかりやすく説明する」選手権

917「アイドルオタクの野球チームができるとしたらなんという球団にするか」選手権

918「親友からの好感度を一瞬でゼロにするセリフ」選手権

919「この後輩、大物になるなって思った瞬間」選手権

920「保健以外全部赤点だったときの親に一言」選手権

921「コンビニ強盗がすぐ引き返した理由」選手権

922「大不幸中の小幸い」選手権

923「カンニングがバレたときの言い訳」選手権

924「家に同じCDが何枚もあるの親にバレたときの言い訳」選手権

925「マスク外したら『ブスだね』って言われたときの対処法」選手権

926「友達に『連帯保証人なってくれなければ友達辞める』と言われたときの対処法」選手権

927「好きな子の笛を舐めてるのを見られたときの言い訳」選手権

928「寝言で他の女性の名前を言ってしまったときの言い訳」選手権

929「裏アカだと思ってつぶやいたら本アカだったときの言い訳」選手権

930「彼女に『今日はなんの日だ』って聞かれてなんの日かわからないときの言い訳」選手権

931「TSUTAYAでのれんをくぐるところを友だちに見られたときの言い訳」選手権

932「トイレでお布施数えてるのを見られたときの言い訳」選手権

933「クレーマーの電話を一言で気持ちよく切らせる」選手権

934「明らかなラブラブメッセージを間違えた人に送ってしまったときの言い訳」選手権

935「お父さんの部屋の押入れを開けたら自転車のサドルがたくさんあったときの冷静な対処法」選手権

936「友達だと思って手振ったけど違かったときの対処法」選手権
937「嫌いな人にディズニー誘われたときの回避方法」選手権
938「救急車が呼ばれた驚きの理由」選手権
939「職場やバイトの嫌いな先輩・上司を黙らせる方法」選手権
940「寝坊をしたときに使えるうまい言い訳」選手権
941「バレンタインチョコゼロだったのをポジティブに考える」選手権
942「嫌いな人からLINE交換しよって言われたときの断り方」選手権
943「ミサイルが飛んできたときの冷静な対応」選手権
944「友達だと思って、後ろからカンチョーしたら別人だったときの言い訳」選手権
945「ブスに『私ブスなんだよね』と言われたときの対処法」選手権
946「陰キャだらけのハロウィンにありがちなこと」選手権
947「名前読み間違えられる人あるある」選手権
948「童貞を前向きにとらえよう」選手権
949「彼女ができない最大の言い訳」選手権
950「人生における最大のやらかし」選手権
951「童貞のカッコいい別名」選手権
952「ハゲたちに勇気を与える名言」選手権
953「縄文時代にありそうな詐欺」選手権
954「江戸時代にいそうなYouTuber」選手権
955「江戸時代のラインの一言にありそうなこと」選手権
956「戦国時代の人にオフサイドをわかりやすく説明する」選手権
957「歴史上の人物のどうでもいい豆知識」選手権
958「昔の歌人がSNS使ってたらつぶやいてそうなこと」選手権
959「この世で一番知りたくない情報」選手権
960「江戸時代のセンター試験に出そうな問題」選手権
961「小さい子に『どうやったら赤ちゃんが産まれるの?』と聞かれたときの対処法」選手権
962「小学校にあった謎のルール」選手権
963「年末の大掃除で部屋から出てきたとんでもないモノ」選手権
964「50年前のハッシュタグ」選手権
965「自分の学校にしかないであろう変な校則」選手権
966「いままでにつけた一番ひどいあだ名」選手権
967「誰もが一度はやったことがある先生へのイタズラ」選手権

968「『頭痛が痛い』的なこと言おう」選手権
969「小学校でこれやったら鉄板でウケた、ってやつ」選手権
970「『はい、二人組み作ってー』であぶれたときのカッコイイ言い訳」選手権
971「領収書の書き間違え」選手権
972「心がほっこりしない孫の一言」選手権
973「自分キモいって思った瞬間」選手権
974「学校では教えてくれない本当は教えてほしいこと」選手権
975「地味にキレそうになった瞬間」選手権
976「オタクって怖いなって思った瞬間」選手権
977「X（旧Twitter）に追加されたいらない新機能」選手権
978「『あ、この人にわか鉄道マニアだな』って思った瞬間」選手権
979「こういう大人にだけはなりたくない」選手権
980「嫌いな人に話しかけられたときの対応法」選手権
981「付き合ったばかりのカップルに絶対言ってはいけない言葉」選手権
982「違う、そうじゃない」選手権
983「家族だけの謎ルール」選手権
984「ホワイトデー返すの逃げる言い訳」選手権
985「あまり人に言えない小さなストレス発散法」選手権
986「ありそうでないスタバの裏メニュー」選手権
987「『童貞ですか?』の上品な言い方」選手権
988「『40秒で支度しな!!』みたいなこと言おう」選手権
989「絶対起きる目覚まし時計」選手権
990「歌詞にwをつけて最低な意味にする」選手権
991「当り障りのない言葉に『夜の』をつけて危なくしよう」選手権
992「語尾に『知らんけど』をつけて無責任にしよう」選手権
993「世にある名言に一言付け足して、余計なお世話だって思わせる名言」選手権
994「映画のタイトルを少し変えてヤクザ風にしよう」選手権
995「口臭い人にやんわりと『臭いよ』って言う」選手権
996「歌詞に『…』をつけて雰囲気を重くする」選手権
997「いちばんおじさんぽい文章を作れた人が優勝」選手権
998「『毎日君の味噌汁を飲みたい』を令和風に言う」選手権
999「『普通に』をつけたら面白くなる文」選手権
1000「『地味に』っていう言葉を使って面白くなる言葉」選手権

［著者］
坊主（ぼうず）
ポケモンGOのやりすぎで坊主バーをクビになった僧侶。
日本一の大喜利アカウント。
X（旧Twitter）は、2024年1月現在で190万フォロワーを突破。元々、「2ちゃんねる」が大好きで、「匿名で面白い回答をする人がたくさんいる！」ということに衝撃を受け、Xでお題を出し続ける。これまで8年間365日、毎日欠かさず大喜利のお題を出題。累計で2万以上のお題を出し、数百万以上の回答を見てきた。昼は僧侶として働く、正真正銘の「お坊さん」でもある。また、都内に「虚無僧バー」「スジャータ」というBARを2軒経営しており、誰でも1日店長ができる店として、さまざまな有名人やインフルエンサーなどに店長を任せている。BARの名前の由来も仏教からとられている。本書が初の著書。

出典：P88の画像はAdobe Stockより

大喜利の考え方
──あなただけの「おもしろい発想」を生み出す方法

2024年２月27日　第１刷発行
2024年８月16日　第３刷発行

著　者──坊主
発行所──ダイヤモンド社
〒150-8409　東京都渋谷区神宮前6-12-17
https://www.diamond.co.jp/
電話／03･5778･7233（編集）　03･5778･7240（販売）

ブックデザイン─吉岡秀典＋及川まどか＋佐藤翔子＋平良佳南子（セプテンバーカウボーイ）
本文DTP──エヴリ・シンク
校正────LIBERO
製作進行──ダイヤモンド・グラフィック社
印刷／製本─勇進印刷
編集担当──種岡 健

ISBN 978-4-478-11773-6